Abdelhak Moussaoui
Alain Pruski

Les thérapies d'exposition par la Réalité virtuelle

AF099718

Abdelhak Moussaoui
Alain Pruski

Les thérapies d'exposition par la Réalité virtuelle

Application au traitement de la phobie sociale

Presses Académiques Francophones

Impressum / Mentions légales
Bibliografische Information der Deutschen Nationalbibliothek: Die Deutsche Nationalbibliothek verzeichnet diese Publikation in der Deutschen Nationalbibliografie; detaillierte bibliografische Daten sind im Internet über http://dnb.d-nb.de abrufbar.
Alle in diesem Buch genannten Marken und Produktnamen unterliegen warenzeichen-, marken- oder patentrechtlichem Schutz bzw. sind Warenzeichen oder eingetragene Warenzeichen der jeweiligen Inhaber. Die Wiedergabe von Marken, Produktnamen, Gebrauchsnamen, Handelsnamen, Warenbezeichnungen u.s.w. in diesem Werk berechtigt auch ohne besondere Kennzeichnung nicht zu der Annahme, dass solche Namen im Sinne der Warenzeichen- und Markenschutzgesetzgebung als frei zu betrachten wären und daher von jedermann benutzt werden dürften.

Information bibliographique publiée par la Deutsche Nationalbibliothek: La Deutsche Nationalbibliothek inscrit cette publication à la Deutsche Nationalbibliografie; des données bibliographiques détaillées sont disponibles sur internet à l'adresse http://dnb.d-nb.de.
Toutes marques et noms de produits mentionnés dans ce livre demeurent sous la protection des marques, des marques déposées et des brevets, et sont des marques ou des marques déposées de leurs détenteurs respectifs. L'utilisation des marques, noms de produits, noms communs, noms commerciaux, descriptions de produits, etc, même sans qu'ils soient mentionnés de façon particulière dans ce livre ne signifie en aucune façon que ces noms peuvent être utilisés sans restriction à l'égard de la législation pour la protection des marques et des marques déposées et pourraient donc être utilisés par quiconque.

Coverbild / Photo de couverture: www.ingimage.com

Verlag / Editeur:
Presses Académiques Francophones
ist ein Imprint der / est une marque déposée de
OmniScriptum GmbH & Co. KG
Heinrich-Böcking-Str. 6-8, 66121 Saarbrücken, Deutschland / Allemagne
Email: info@presses-academiques.com

Herstellung: siehe letzte Seite /
Impression: voir la dernière page
ISBN: 978-3-8381-4109-1

Zugl. / Agréé par: Université de Metz et Université de Tlemcen 2007-2010

Copyright / Droit d'auteur © 2014 OmniScriptum GmbH & Co. KG
Alle Rechte vorbehalten. / Tous droits réservés. Saarbrücken 2014

À la mémoire de Riad,
À ma famille

REMERCIEMENTS

Le travail de thèse présenté dans ce mémoire a été accueilli par le Laboratoire d'Automatique humaine et de Sciences Comportementales (LASC) de l'Université Paul Verlaine – Metz, et par le Laboratoire d'Automatique de l'Université Abou Bekr Belkaïd-Tlemcen. Les études expérimentales présentées dans cette thèse ont été réalisées au service de Thérapie Cognitive et Comportementale de la clinique de psychiatrie BENDIOUIS, à Tlemcen.

Au début, je tiens à remercier tous les membres du jury pour l'intérêt qu'ils ont porté à mes travaux.

Merci à Alain PRUSKI, directeur de ma thèse, pour l'accueil chaleureux que vous m'avez réservé au LASC durant les quatre années de ma thèse, pour votre humanité et votre générosité, pour votre écoute patiente et vos conseils précieux. Veuillez trouver l'expression de ma sincère reconnaissance.

Merci à Brahim CHERKI, directeur de ma thèse, pour vos conseils éclairés, votre écoute et votre soutien. Votre sagesse et la richesse de votre enseignement et vos connaissances ont bien marqué ma formation.

Merci à Nasreddine BERRACHED et Etienne COLLE, rapporteurs de ma thèse, pour l'intérêt qu'ils ont porté à mes travaux, Veuillez trouver l'expression de ma sincère gratitude

Merci à Guy BOHRIS, examinateur de ma thèse, pour m'avoir fait l'honneur de participer au jury de ma soutenance. Veuillez trouver l'expression de ma sincère gratitude.

Merci à Philippe Fuchs pour m'avoir fait l'honneur d'accepté la présidence de ce jury.

Merci à Lotfi BENDIOUIS, psychiatre et directeur de la clinique de psychiatrie, pour m'avoir accueilli dans votre clinique, pour tous les échanges intéressants que l'on a eu, pour m'avoir soutenu au cours de mes expériences cliniques.

Les études cliniques expérimentales de cette thèse n'auraient pu aboutir sans l'aide constante des membres de la clinique de psychiatrie ; Mouna BENDIOUIS, psychologue, qui a mené les expériences ; Djilali et Sara pour leur participation au doublage des scènes virtuelles.

Merci à tous ceux que j'ai rencontré aux conférences et congrès, pour leurs conseils avisés et leurs remarques et encouragements précieux : Jean Cottraux, Guy Darcourt, Philippe Hoppenot, Patrice Renaud et Stéphane Bouchard.

Merci à Olivier Habert pour m'avoir prêté son bureau lors de mes visites au LASC.

Merci également à Abdellah Nadif pour tous les échanges intéressants que l'on a eu.

Merci à Khadija Boughsas, Corine, Pascal pour avoir accepté de participer au tournage des séquences vidéo.

Merci à mes proches qui ont toujours cru en moi : mes parents Abdelmalek et Kheïra ; ma femme Imène ; mes frères et sœurs Riad, Ilhame, Youcef et Fatima-Zohra ; mes beaux-parents Murshid et Zineb ; mes beaux-frères Adil et Ahmed.

Table des matières

CHAPITRE I Introduction 1
CHAPITRE II État de l'art 6
   II.1. Réalité virtuelle en psychothérapie. 6
      II.1.1. Réalité virtuelle. 6
      II.1.2. Thérapie d'exposition par réalité virtuelle (THERV) 7
      II.1.3. THERV et la phobie sociale 10
   II.2. Digital storytelling et la réalité virtuelle. 17
   II.3. Les émotions : Modèles et mesure 22
      II.3.1. Modèles d'émotion 23
      II.3.2. Mesure d'émotion 26
      II.3.3. Reconnaissance d'expression Faciale 26
      II.3.4. Mesures Physiologiques 29
      II.3.5. Rythme cardiaque 30
      II.3.6. Mesures multimodales 31
   II.4. Conclusion 32
CHAPITRE III régulation d'anxiété 35
   III.1. Introduction 35
   III.2. Gestion automatique de séances de THERV 37
   III.3. Les Systèmes multi-agents 39
      III.3.1. Système multi-agents et l'IA distribuée : 39
      III.3.2. Caractéristiques d'un système multi-agents 40
      III.3.3. Applications : 41
      III.3.4. AGENT 42
      III.3.5. Sélection d'action 42
      III.3.6. Observabilité et propriété de Markov 43
      III.3.7. Transitions stochastiques et utilité 44
      III.3.8. Coordination 46
   III.4. Inducteur d'anxiété 47
      III.4.1. Les agents et leurs actions 48
      III.4.2. La gestion des conflits 54
   III.5. Gestionnaire de l'histoire 55
      III.5.1. Le scénario 55
      III.5.2. Réaction aux événements 56
      III.5.3. Les liens entre actions 57
   III.6. Outils de conception 57
      III.6.1. De l'idée au scénario 57
      III.6.2. Conception des environnements virtuels 58
   III.7. Conclusion 61
CHAPITRE IV Validation expérimentale 63
   IV.1. Contexte de l'application 63
   IV.2. La phobie sociale 64
   IV.3. Traitement par réalité virtuelle 65
   IV.4. Présence 68
      IV.4.1. Définition 68
      IV.4.2. Méthodes d'évaluation 69
   IV.5. L'environnement virtuel expérimental 71
   IV.6. Dispositif expérimental 73

IV.7. Étude préliminaire 74
    IV.7.1. Sujets 74
    IV.7.2. Méthode et mesure 75
    IV.7.3. Résultats et discussion 75
IV.8. Étude d'un cas de phobie sociale 81
    IV.8.1. Sujet 81
    IV.8.2. Mesure 81
    IV.8.3. Méthode 83
    IV.8.4. Résultats et discussion 84
IV.9. Étude de groupe 90
    IV.9.1. Résultats 90
IV.10. Conclusion et discussion 99

CHAPITRE V Conclusion et perspectives. 104
    V.1. Conclusion 104
    V.2. Perspectives 106
        V.2.1. Travaux en cours 106
        V.2.2. Perspectives 107

Liste des figures *111*

Liste des tableaux *113*

Liste des abréviations *114*

ANNEXES *116*

Bibliographie *137*

CHAPITRE I
INTRODUCTION

Ismail est un homme célibataire de 25 ans, il occupait un poste de chef de service commercial dans une usine de production d'huile d'olive. Il était en contact permanent avec des personnes inconnues avec lesquelles il devait discuter et négocier des opérations commerciales. Ismail ressentait une anxiété et une inquiétude très marquées lorsqu'il s'engageait dans des interactions sociales avec des personnes inconnues et avec ses collègues de travail. Il se trouve, depuis deux ans, en situation de chômage à cause de son malaise.

Selon les critères de diagnostic du DSM IV (American Psychiatric Association 1994), Ismail souffre d'un trouble anxieux connu sous le nom de « phobie sociale » ou « anxiété sociale ». Considérée comme l'un des troubles mentaux les plus répandus, la phobie sociale est caractérisée par une peur intense, irrationnelle et persistante de certaines situations d'interaction sociale ou de performance durant lesquelles le patient phobique est exposé à l'attention et au regard d'autrui, il craint d'agir de façon humiliante ou embarrassante et d'être jugé négativement par les autres, il craint aussi de montrer des symptômes anxieux.

CHAPITRE I
INTRODUCTION

Face à la pression insoutenable engendrée par l'anxiété et la honte, Ismail a développé des conduites d'évitement des situations redoutées. Ainsi, certaines situations sociales sont évitées en totalité, comme les fêtes familiales, les réunions, la prise de parole en public, les cafétérias...etc. Ces conduites représentent un handicap qui altère considérablement sa qualité de vie et pourrait le conduire à des complications plus sévères comme la dépression, l'abus d'alcool et même le passage à l'acte suicidaire.

D'après les études épidémiologiques récentes, 2 à 4% de la population adulte présentent des symptômes similaires à ceux d'Ismail, et sont donc touchés par cette pathologie.

L'une des méthodes de thérapies les plus utilisées est la thérapie cognitive et comportementale et notamment la technique d'exposition qui consiste à effectuer une reconstruction cognitive par l'exposition du patient à des situations anxiogènes graduelles afin de les faire accepter par le patient. Traditionnellement, cette technique est pratiquée selon deux modes : en réalité, dite aussi *in vivo*, où le patient est exposé aux situations anxiogènes réelles ou en imagination, où le patient doit imaginer les situations redoutées prescrites par un psychothérapeute. L'efficacité de cette technique a été prouvée par différentes études de recherche (Beck 1979; Wolpe 1992; Isaac Marks 1987) mais elle présente quelques inconvénients en particulier le coût trop élevé des expositions in vivo et la difficulté d'imaginer les situations anxiogènes dans les expositions en imagination.

Depuis une quinzaine d'années, une nouvelle forme de cette technique de thérapie est apparue qui consiste à utiliser les technologies de la RV comme outil thérapeutique. Elle a reçu une attention importante de la part de chercheurs issus de domaines de recherche différents.

Les technologies de la RV permettent de placer le patient dans un monde virtuel dans lequel il est exposé à des stimuli visuels, auditifs ou autres et qui répondent aux besoins de la thérapie visée. Cette technologie a été développée dans une variété d'applications pour des raisons thérapeutiques et psychothérapeutiques et en particulier pour les phobies. Dans cette dernière application, les patients sont progressivement désensibilisés aux situations anxiogènes par une exposition virtuelle répétée, prolongée et complète (Evelyne Klinger 2006).

Une thérapie d'exposition par la RV est programmée généralement en plusieurs séances d'expositions périodiques durant lesquelles les patients affrontent par étapes des situations anxiogènes graduées, en allant des moins aux plus anxiogènes. Chaque séance est guidée par un psychothérapeute qui doit assurer un certain nombre de tâches, il gère la thérapie et décide du passage au niveau plus anxiogène ou non, il s'occupe de la collecte de variables d'évaluation, il surveille l'état d'anxiété durant l'exposition et en fonction duquel il décide de la nature et du degré de stimulation à activer dans l'EV. Cela constitue une charge de travail considérable.

La présente thèse a comme objectif la proposition d'une approche méthodologique permettant de faciliter la gestion des séances de thérapie par la RV en se basant sur l'hypothèse que certaines tâches assurées actuellement par le psychothérapeute pourront être traitées de manière automatique sans son intervention. (Moussaoui et al. 2007).

Nous proposons d'automatiser la gestion du contenu de l'EV en faisant vivre au patient une histoire se déroulant autour d'un scénario conçu au préalable par un psychothérapeute. Le patient n'est pas exposé à une suite « linéaire » de situations anxiogènes, comme les THERV « traditionnelles », mais il est libre de faire ce qu'il veut et d'aller là où il veut dans l'EV, il est guidé seulement par l'évolution des événements de l'histoire, ce qui constitue une expérience proche du monde réel.

Nous proposons aussi d'automatiser l'évaluation de l'état du patient durant l'exposition en se basant sur les résultats des travaux de recherches portants sur la classification des émotions à partir des mesures physiologiques ou comportementales. Ainsi, le niveau d'anxiété mesuré du patient permet au système de décider, de façon automatique, de la nature et du degré de stimulation à déclencher dans l'EV.

L'opération d'automatisation des séances permet au thérapeute de gérer des environnements virtuels variés et plus complexes munis d'un nombre de stimuli plus important. La présence du thérapeute reste indispensable pour le bon déroulement de la thérapie avec pour objectif recherché de proposer un ensemble d'outils permettant d'assister le psychothérapeute dans son travail.

L'évaluation de notre contribution ne peut être réalisée qu'à travers des études expérimentales sur des patients phobiques sociaux, ainsi, l'élaboration d'un protocole clinique avec des cliniciens nous paraît indispensable.

Le deuxième chapitre de ce mémoire est dédié à la présentation des états de l'art des différents concepts liés à notre travail. Nous commençons par donner les travaux de recherches sur l'utilisation de la RV en psychothérapie et en particulier pour le traitement de la phobie sociale. Une brève description de deux projets de fiction interactive sera aussi donnée à savoir le projet d'Oz et le projet Façade. Nous terminons le chapitre par un état de l'art sur les différents modèles de représentation des émotions ainsi que les méthodes de

CHAPITRE I
INTRODUCTION

reconnaissance et mesures de l'état émotionnel à partir des mesures physiologiques et expressions faciales.

Nous décrivons, dans le troisième chapitre, notre approche méthodologique qui est basée sur la représentation de notre système d'automatisation par une boucle de régulation avec pour élément contrôlé le patient phobique sociale et l'élément contrôleur l'inducteur d'anxiété. Le retour de la boucle de régulation est assuré par un bloc de mesure de l'anxiété du patient. Un système multi-agents est utilisé pour modéliser l'inducteur d'anxiété dont les agents représentent les acteurs virtuels et son environnement représente le patient. Le gestionnaire du scénario fait partie du SMA, il est décrit en fin du chapitre.

Le quatrième chapitre est consacré aux études expérimentales que nous avons réalisées. Nous donnons en début de chapitre quelques définitions des concepts utilisés dans les applications expérimentales. Par la suite, le dispositif expérimental ainsi que l'EV nous avons développé sont décrits.

En ce qui concerne les études expérimentales, nous les présentons selon l'ordre chronologique de leur réalisation. Nous commençons par une étude préliminaire sur des personnes non phobiques. Son objectif est de valider les fonctionnalités du gestionnaire de scénario. Nous donnons ensuite une deuxième étude d'un cas de phobie sociale qui nous offre un retour qualitatif et rapide qui nous permet d'évaluer le protocole clinique ainsi que notre approche d'automatisation des séances de thérapie par la RV.

Cette étude sera suivie par une autre, mais cette fois-ci sur un groupe de patients phobiques. Le but recherché est de généraliser les résultats obtenus par l'étude de cas.

Ce chapitre est finalisé par une discussion sur les résultats obtenus par les différentes études expérimentales.

Le mémoire est clôturé par un chapitre de conclusion. Une description des travaux expérimentaux qui sont en cours de réalisation ainsi que les travaux futurs envisagés seront discutés en fin de ce chapitre.

La liste des abréviations utilisées dans ce document est donnée en page 114.

CHAPITRE I
INTRODUCTION

CHAPITRE II
ÉTAT DE L'ART

II.1. Réalité virtuelle en psychothérapie.

II.1.1. Réalité virtuelle.

Le terme Réalité virtuelle vient de l'expression anglaise "Virtual reality" qui a été introduit par Jaron Lanier dans les années 80, cela fait plus de vingt ans que le terme est employé. L'idée était de développer une technologie capable de créer un monde imaginaire non différenciable du monde réel. Aujourd'hui, il s'agit de créer une reproduction acceptable de la réalité pour des fins d'entraînement, divertissement ou de conception.(Fuchs 2006).

Le développement des systèmes de RV implique différentes disciplines : image de synthèse, sons de synthèse 3D, dispositifs tactiles à retour d'effort...etc. L'utilisateur d'un système de réalité virtuel est capable de naviguer et d'interagir en temps réel dans l'EV. L'interaction est la possibilité de sélectionner et de manipuler des entités virtuelles et la navigation, la capacité de se déplacer et d'explorer le monde virtuel. Un dispositif d'affichage stéréoscopique est nécessaire pour produire l'illusion 3D, le suivi des mouvements de la tête et des mains est réalisé grâce à des systèmes de capture de position.

Cette technologie plonge l'utilisateur dans un monde virtuel suivant différents degrés d'immersion, elle va d'une simple présentation sur un écran d'ordinateur jusqu'à l'utilisation d'un HMD (Head Mounted Display) (Figure II.1) doté d'un suiveur des mouvements de la tête, ou même un visiocube appelé aussi visiosalle ou CAVE (Automated Virtual Environment Technology) (Figure II.2).

Figure II.1 Visiocasque.

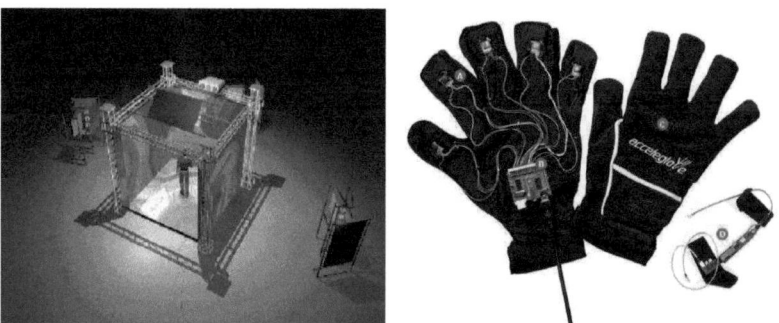

Figure II.2 Exemple de CAVE et DataGloves
À gauche : un cave. A droite Datagloves.

Un CAVE est une chambre cubique dans laquelle l'utilisateur voit une projection stéréoscopique du monde virtuel sur les six faces : les murs, le sol et le plafond.

II.1.2. Thérapie d'exposition par réalité virtuelle (THERV)

Ces dernières années ont connu une focalisation particulière des chercheurs sur la prise en compte de l'aspect affectif et émotionnel de l'utilisateur dans le cadre des interactions homme-ordinateur. Parallèlement, l'utilisation de la RV comme outil thérapeutique a reçu une attention importante de la part de chercheurs issus de domaines de recherche différents. Les technologies de la RV permettent de placer le sujet dans un monde virtuel dans lequel il est exposé à des stimuli visuels, auditifs ou autres qui répondent aux besoins de la thérapie visée. Cette technologie a été développée dans une variété d'applications pour des raisons thérapeutiques et psychothérapeutiques et en particulier pour les phobies (Richard & Lauterbach 2006). Dans cette dernière application, les sujets sont progressivement désensibilisés aux situations anxiogènes par une exposition virtuelle répétée, prolongée et complète (Evelyne Klinger 2006) appelée aussi exposition *in virtuo* par opposition à l'exposition in vivo traditionnelle qui correspond à des situations réelles.

La modalité d'exposition qui a attiré la plupart des chercheurs en thérapie d'exposition est le visiocasque, généralement doté de capteurs de position (motion trackers). La littérature actuelle montre que l'exposition *in virtuo* n'est pas plus efficace que l'exposition in vivo, mais représente un moyen d'exposition plus pratique et plus efficace que l'exposition imaginaire ou d'autres modalités d'exposition. La plupart des études publiées sur ce sujet ont visé principalement des phobies spécifiques, d'autres travaux sur des troubles anxieux plus complexes sont en cours de développement. Plusieurs travaux ont confirmé que l'exposition *in virtuo* semble plus attractive pour les patients que l'exposition traditionnelle in vivo, par exemple dans (Garcia-Palacios et al. 2001) 81% des sujets arachnophobes (peur des araignées) ont choisi de participer à plusieurs séances de thérapie *in virtuo* au lieu de plusieurs séances in vivo, et 89% d'entre eux ont préféré participer à plusieurs séances in virtuo à la place d'une seule séance in vivo.

Les avantages de l'exposition *in virtuo* sont nombreux, elle permet aux thérapeutes de mieux contrôler des séances de thérapie hiérarchisées d'une manière lisse et progressive. Dans le cas de la phobie sociale où le patient doit faire face à d'autres personnes, l'acrophobie où le thérapeute doit accompagner le patient en dehors de son bureau ou la peur de conduire les voitures, la RV présente de grands intérêts par rapport à l'exposition traditionnelle, elle préserve l'intimité et la sécurité du patient. Le thérapeute prête plus d'attention à la thérapie elle-même et au comportement du patient au lieu de s'intéresser à la sécurité du patient par exemple, elle permet aussi d'évaluer la progression de la thérapie à travers les réponses subjectives et physiologiques enregistrées.

L'un des pré-requis de l'utilisation de la RV en thérapie d'exposition est le potentiel d'induction de sensation de peur et d'anxiété chez les patients. Plusieurs études ont tenté de répondre à la question : la RV induit-elle l'anxiété ?

Les résultats de (Robillard et al. 2003) et (Renaud et al. 2002) ont montré que l'exposition à des situations phobogènes virtuelles provoque la peur chez des personnes non phobiques. La réaction des participants phobiques a été significative et plus intense.

(Meehan 2001; B.K. Wiederhold et al. 2002; Zimmons 2004) ont montré aussi que la RV provoque des changements significatifs du rythme cardiaque, de la conductivité et de la température de la peau chez des participants non phobiques exposés à des situations phobogènes. Les travaux de Slater et al. (Voir II.1.3) confirment ces résultats.

Les applications thérapeutiques de la RV ont touché plusieurs types de phobies et troubles cognitifs, on peut citer : la peur de prendre l'avion, la peur des hauteurs ou l'acrophobie, la peur des araignées ou l'arachnophobie, troubles post-traumatiques, la peur de conduire, les troubles de panic avec l'agoraphobia, la peur de l'enfermement ou la claustrophobie, troubles obsessionnels compulsifs, les troubles des conduites alimentaires ou les troubles sexuels masculins.

Pour conclure cette section et d'après la littérature consultée jusqu'au moment de la rédaction de ce document, on peut dire qu'aucune étude n'avait attesté la non-efficacité de la THERV et qu'aucune étude n'avait rapporté que la THERV est plus efficace que l'exposition in vivo ou l'inverse mais la RV offre une alternative plus attractive et plus pratique que l'exposition in vivo.

Dans la suite de cette section, nous allons donner un état de l'art sur l'application de la THERV pour la peur de parler en public et la phobie sociale.

II.1.3. THERV et la phobie sociale

Durant les deux dernières décennies, plusieurs travaux de recherche ont tenté d'expérimenter et d'évaluer l'utilisation de la RV pour le traitement des troubles cognitifs et en particulier les phobies, mais ce n'est qu'en 1998 que la première étude sur la phobie sociale a vu le jour (M M North et al. 1998a).

Figure II.3 Auditorium virtuel (North et al. 2002)

La première étude a été proposée par North et al. (Max M North et al. 2002) considérés comme les pionniers du développement de systèmes d'exposition par RV appliqués à la peur de parler en public. L'étude a touché 16 sujets souffrant de la peur de parler en public qui ont été divisés en deux groupes de traitement : huit sujets ont suivi un traitement par RV appelés groupe ERV et huit autres représentaient le groupe de contrôle. Les sujets du groupe ERV ont été exposés à un public d'un auditorium. Le programme de traitement comprenait 5 séances hebdomadaires de 10 à 15 minutes chacune. Les sujets du groupe de contrôle ont été exposés à une scène virtuelle triviale sans programme précis de traitement. L'auditorium virtuel (Figure II.3) pouvant contenir jusqu'à 100 personnes. Les scènes ont été développées avec VRDEAM (Virtual Reality Development Software Package and Libraries). Le système permet aux thérapeutes d'introduire les personnes à l'auditorium un par un ou par groupe de cinq. Les patients qui portent des visiocasques, sont placés sur un podium en bois et parlent à l'assistance. Ils entendent l'écho de leur voix à l'aide de haut-parleurs. Des séquences audio et vidéo préenregistrées d'applaudissements, de rires ou d'encouragement permettent de simuler l'attitude et la réaction de l'audience. Durant les séances, le thérapeute contrôle le nombre de personnes dans l'auditorium ainsi que leurs attitudes en alternant les séquences audio et vidéo préenregistrées. Des mesures subjectives (ATPSQ : Attitude Towards Public Speaking Questionnaire et SUDS) et objectives (Le rythme cardiaque) permettent d'évaluer le traitement et de comparer les deux groupes. La comparaison n'a concerné que les patients pour lesquels l'exposition par RV a été efficace. Les patients du groupe ERV ont expérimenté des manifestations physiques et émotionnelles similaires à celles qui sont ressenties pendant l'exposition *in vivo* (augmentation de la fréquence cardiaque, perte d'équilibre, mains moites). Cette étude montre que l'exposition par RV permet de diminuer l'anxiété des patients face à un public.

La deuxième étude a été menée par Harris (Harris et al. 2002), elle concernait 14 sujets souffrant de la peur de parler en public répartis en deux groupes. Le premier, composé de huit sujets, a reçu un traitement par RV nommé TRV, le deuxième, composé de six sujets, correspond à une liste d'attente. Le traitement était géré par un thérapeute sur quatre séances hebdomadaires de 12 à 15 min chacune. Les sujets portaient des visiocasques. L'environnement était un auditorium virtuel qui commençait vide puis se remplissait progressivement par des personnes ayants des attitudes positives ou négatives et pouvaient applaudir pour encourager les sujets, parler entre eux ou rire sans prêter aucune importance au sujet afin de le stimuler. Des mesures subjectives (LSAS et PRCS : personal report of confidence as speaker) et objectives (rythme cardiaque) ont été réalisées. Les résultats de cette étude ont montré que le rythme cardiaque était un bon indicateur de stress durant les séances de thérapie. Les auteurs ont rapporté que la différence entre les deux groupes de sujets se situe sur la confiance de parler en public et pas sur les questionnaires d'anxiété. La comparaison entre résultats des deux groupes indique que l'unique amélioration significative est celle du PRCS.

Figure II.4 Huit agents autonomes dans une salle de séminaire (Slater et al. 1999)

D'autres études sur l'impact émotionnel et physiologique d'humains virtuels ont été proposées par Slater et al. Dans (M. Slater et al. 1999), un EV qui simule une conversation avec un public a été présenté, le système était basé sur DIVE (Distributed Interactive Virtual Environment) développé par «Swedish institute of computer science».

Huit agents autonomes ont été placés dans une salle de séminaire (Figure II.4), ils pouvaient générer de façon aléatoire des comportements comme cligner les yeux, hocher la tête ou bouger, ils pouvaient bouger leurs yeux et générer des expressions faciales. Le système a été expérimenté sur dix sujets dans différentes situations. Les résultats de cette étude ont montré que l'anxiété due à la peur de parler en public diminue considérablement dans le cas d'une audience intéressée par ce que dit le sujet. Cette étude a été étendue sur 40 sujets qui devaient donner une présentation de cinq minutes devant une audience constituée de huit agents virtuels (Figure II.5). L'audience pouvait être positive, négative ou neutre. Les résultats de cette étude ont confirmé les conclusions de la première.

Figure II.5 Huit agents virtuels dans une salle de séminaire.

Finalement, la même équipe a poursuivi ses travaux sur 16 sujets phobiques et 20 non phobiques dont l'objectif était de comparer les comportements et réactions des deux groupes. Les sujets devaient présenter un exposé dans une pièce vide et devant cinq agents virtuels (Figure II.6). Les résultats ont montré que les sujets non phobiques réagissaient de la même façon dans les deux types d'environnement. Les personnes phobiques ont montré une anxiété supérieure dans le cas de la pièce peuplée mais aussi dans les situations relativement neutres.

Figure II.6 Cinq agents virtuels

Dans un cadre d'étude similaire, Herbelin et al. (B. Herbelin et al. 2002a) ont proposé une représentation symbolique des agents virtuels. Le sujet était placé au centre d'une audience virtuelle. Des photos d'yeux ont été utilisées pour représenter l'audience et placées sur des cercles concentriques (Figure II.7). Le thérapeute avait la possibilité de changer le nombre de cercles, le nombre de photos par cercle et la distance qui les sépare du sujet pour générer différents niveaux de stimulation. Dix sujets dont 5 phobiques et 5 non phobiques ont participé à l'expérience. On leur demandait de faire un exposé devant l'audience virtuelle. Les résultats de cette expérience ont montré que la THERV avait un grand potentiel pour remplacer les méthodes d'exposition traditionnelles.

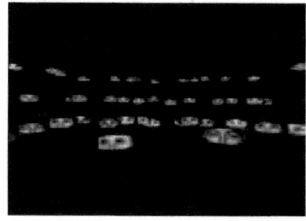 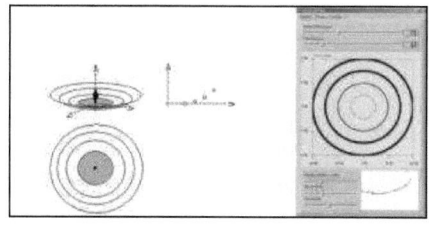

Figure II.7 Représentation symbolique d'agents virtuels (B. Herbelin et al. 2002)

Ce dernier travail a été suivi par une autre étude (Grillon et al. 2006a; Grillon et al. 2006b) sur huit sujets phobiques sociaux âgés entre 18 et 45 ans dont trois hommes et cinq femmes. L'objectif était d'un coté l'évaluation de l'efficacité et la flexibilité de la RV comme outil thérapeutique pour le traitement de la phobie sociale et d'un autre coté l'utilisation de la RV pour évaluer objectivement l'évitement du contact visuel chez les phobiques par l'utilisation d'un système de suivi de regard. Les sujets ont été exposés individuellement à différentes situations de peur de parler en public Figure II.8 (simulation d'entretien d'emploi, rencontre dans un bar, rencontre dans une cafétéria, discours dans un auditorium) réparties sur huit séances hebdomadaires de 30 min chacune. Afin d'évaluer l'efficacité du programme du traitement, des mesures objectives (suivi du regard) et subjectives (auto-questionnaires) ont été prélevées, notamment : le questionnaire de peur (I M Marks & Mathews 1979), LSAS (Yao et al. 1999), SISST (Social Interaction Self-Statement Test) (Yao et al. 1998) et BDI (Beck Depression Inventory) (BECK et al. 1961).

Figure II.8 Différentes situations de peur de parler en public (Grillon et al. 2006a; Grillon et al. 2006b)

L'analyse des différents auto-questionnaires et le suivi du regard ont montré une amélioration de la plupart des sujets et une diminution significative de l'évitement du contact visuel (Figure II.9).

Figure II.9 Évitement du contact visuel (Grillon et al. 2006a; Grillon et al. 2006b)

Une remarquable étude a été publiée par Anderson et al.(Anderson et al. 2003) dans laquelle le système développé a été expérimenté sur des phobiques sociaux.

L'EV était constitué d'une classe avec un bureau virtuel et une audience de 5 personnes incrustées dans l'EV à partir de séquences vidéo (Figure II.10). La classe a été conçue au début pour être utilisée par des sujets souffrants de la peur de parler en public.

Figure II.10 Cinq personnes incrustées. (Anderson et al. 2003)

Le système a été testé sur deux participantes diagnostiquées comme phobiques sociaux. Les sujets portaient un visiocasque. Des données cliniques et des mesures subjectives ont été enregistrées avant, pendant et après les séances. Les résultats ont attesté de l'efficacité du traitement.

James et al. (James et al. 2003) ont évalué la possibilité de générer l'anxiété sociale dans des environnements virtuels couvrants différents aspects du trouble de l'anxiété sociale généralisée, et non uniquement la peur de parler en public. Pour cela les auteurs ont comparé des mesures subjectives de l'anxiété sociale prises sur dix sujets, de multiples scénarios ont été expérimentés. Le premier correspond à une situation socialement neutre dans laquelle le sujet devait voyager dans le métro de Londres (Figure II.11 gauche), le public était très désintéressé par le sujet. Le deuxième représente une situation socialement intense, le sujet était placé dans un bar et devait discuter avec des personnes inconnues (Figure II.11 droite). Les auteurs ont conclu que malgré le manque de réalisme de l'EV, l'anxiété sociale peut être générée chez des sujets phobiques dans certaines situations sociales.

Figure II.11 Métro et bar virtuels (James et al. 2003).

Une autre étude a été réalisée par Klinger et al. (Evelyne Klinger et al. 2004; S Roy et al. 2003) dans le cadre du projet Vepsy (Telemedicine and Portable Virtual Environments for Clinical Psychology) avec pour objectif de comparer un protocole de THERV avec la thérapie cognitive et comportementale du groupe CBGT (cognitive and behavioral group therapy). Cette étude a inclus différents aspects du trouble de l'anxiété sociale généralisée GSAD (Generalized Social Anxiety Disorder), à savoir, la performance, l'affirmation, l'intimité et l'observation, chacun correspond à un EV différent (Figure II.12), une salle de réunion, une terrasse d'un « coffee chop », un appartement et un parcours entre un appartement et un magasin en passant par un ascenseur. Les personnes dans l'EV ont été modélisées par des « Billboards » sur lesquels ont été plaquées des photos réalistes. Des phrases audio préenregistrées ont été utilisées pour les dialogues. Dans la première expérience, 10 sujets phobiques ont suivi un protocole clinique de 12 séances ; les résultats ont montré que la THERV est aussi efficace que CBGT. Les auteurs ont étendu cette étude sur 36 sujets diagnostiqués comme phobiques sociaux. Les résultats ont conclu que la THERV pouvait être considérée comme une alternative à la thérapie cognitive et comportementale traditionnelle. La différence entre les résultats des deux n'était pas significative.

Figure II.12 Différents environnements virtuels (Evelyne Klinger et al. 2004; S Roy et al. 2003) Une salle de réunion, un appartement, une terrasse d'un « coffee chop », et un magasin de chaussures

Botella et al. (Cristina Botella et al. 2004) ont envisagé une application de télépsychologie nommée « Talk To Me » dont le principe était de proposer un programme de diagnostic, de traitement et d'évaluation dans lequel les patients ont été exposés à des séquences vidéo via Internet (Figure II.13).

Figure II.13 Télépsychologie(Cristina Botella et al. 2004).

Lee et al. (J. M. Lee et al. 2002) proposent d'utiliser une combinaison d'environnements virtuels avec des vidéos capturées en temps réel (Figure II.14). Le système a profité des améliorations technologiques pour offrir des rendus réalistes et interactifs. Le thérapeute a été incrusté dans la scène virtuelle, il pouvait communiquer librement avec son patient.

Figure II.14 Incrustations temps réel (Lee et al. 2002)

II.2. Digital storytelling et la réalité virtuelle.

Le storytelling est un art interactif ancien qui utilise le récit comme forme d'expression. Son principe consiste à utiliser les mots et les gestes pour exprimer et représenter les éléments et les images d'une histoire tout en encourageant l'imagination de l'auditeur. Ici, l'interactivité implique un échange bidirectionnel entre le conteur et ses auditeurs qui influent sur la manière de raconter l'histoire. L'auditeur peut donc être actif et participer à la construction de l'histoire. Depuis une quinzaine d'années, le storytelling intéresse plusieurs catégories de chercheurs issus de domaines de recherches variés. En effet, « l'histoire » est un moyen important pour structurer les connaissances de l'humain et ses expériences passées afin de l'aider à se comporter dans un contexte social. Ces domaines incluent le théâtre interactif (Machado sans date) (Mateas 2001) (Weyhrauch 1997), les jeux vidéo, les environnements intelligents d'apprentissage (Roussos et al. 1996) (Benford et al. sans date) et les applications pédagogiques (Marsella et al. 2000).

La fiction interactive peut être regardée comme un nouveau genre dérivant à la fois du versant interactif (RV, jeu vidéo) et du versant narratif (littérature, cinéma, théâtre). Dans la fiction interactive, il n'y a pas une seule, mais une infinité d'histoires pouvant se dérouler sur la base de la trame définie par l'auteur.

Le projet OZ, développé à l'université de Carnegie Mellon pendant les années 90, sous la direction de Joseph Bates, est l'un des projets précurseurs dans la fiction interactive. Son champ d'études et d'expérimentation est né d'un désir artistique (Mateas 1999). Il devait répondre à la question : comment impliquer le spectateur dans la pièce qui lui est présentée et que faire pour qu'il soit touché par le spectacle. Joseph Bates, responsable du projet, donne pour objectif à OZ d'apporter de l'aide aux artistes souhaitant créer des pièces hautement interactives. L'histoire est structurée sous la forme d'un graphe acyclique orienté qui contient les éléments de l'intrigue. Parallèlement dans le projet, trois thèmes de recherche sont distingués :

- La construction d'agents à large champ (broad agents),
- une théorie permettant la gestion du déroulement de la pièce,
- un système apportant des notions de style à la pièce.

L'architecture du système Oz est composée : d'un ensemble de personnages évoluant dans un monde virtuel, d'un interacteur permettant à un utilisateur d'agir sur les objets du monde, et d'un gestionnaire de la fiction. Les principaux éléments de l'architecture d'OZ sont des agents qui partagent un même environnement : les agents artificiels (Character) et l'agent humain (Interactor) qui réalise ses commandes au travers d'une interface. Le planificateur central (Drama Manager) dispose d'un contrôle sur le monde, les agents artificiels et les perceptions/actions de l'utilisateur. L'architecture d'agent est segmentée en trois modules, un module de planification (module Hap), un module d'émotion (module Em) ; un module de perception et de représentation du monde (module Sensory routines and integrated sense model). Le module de planification Hap gère la base de buts et les plans permettant de les atteindre, il décide des actions, il synthétise les informations d'ordre émotionnel et social issues de l'Em. Le module émotionnel Em possède un fonctionnement très fortement inspiré par le modèle des émotions d'Ortony, Clore et Collins (Ortony et al. 1990) mais diffère néanmoins de ce dernier sur certains points.

Le groupe d'OZ a expérimenté plusieurs situations différentes, on peut citer :

Lyotard : un monde textuel, Lyotard, un chat synthétique, interagissant éventuellement avec l'utilisateur. Les interactions sont purement physiques (caresses, déplacements, . . .). Dans cette application, l'emphase est mise sur les émotions de Lyotard et leurs liens avec son comportement.

Playground : un monde textuel où l'utilisateur a un objectif (échanger des cartes) qu'il peut atteindre en interagissant avec les agents présents. Les interactions se déroulent en langue naturelle.

Edge of intentions : dans un monde visuel, vivent trois Woogles et un humain qui peut prendre la place d'un quatrième. Les interactions sont physiques (déplacement, direction du regard, changement de couleur, . . .) et l'emphase est mise sur l'étude de la personnalité de chacun des Woogles.

Le projet Façade, développé par M. Mateas et A. Sterm, est une expérience d'art/recherche en narration électronique basée sur l'intelligence artificielle. Le joueur est invité à un dîner chez un couple marié New-Yorkais, Grace et Trip. La soirée chez les deux protagonistes de l'histoire vire à la dispute. En fonction de ce que le joueur dit à chacun et en fonction de ses actions dans l'appartement, l'histoire évolue et se termine sans s'enfermer dans un schéma préconçu par le développeur (Donikian & Portugal 2004). Le comportement des protagonistes est exprimé à l'aide du langage ABL (Mateas & Stern 2002) qui a pour objectif principal de pouvoir effectuer de la planification réactive et d'intégrer la spécification de comportements coordonnés (Donikian & Portugal 2004).

Il existe plusieurs modèles possibles pour décrire une fiction interactive. Une première approche consiste à réduire la narration à une séquence d'actions et à utiliser des techniques de planification de tâches issues de l'Intelligence artificielle pour des histoires interactives. Pour la fiction interactive, on trouve deux techniques de planification : HTN (Hierarchical Task Network) et HSP (Heuristic Search Planning). Dans (Charles et al. 2003) Fred Charles a exposé une comparaison entre les deux techniques de planification HTN et HSP. On trouve aussi d'autres approches, notamment celles qui sont basées sur le modèle de V. Propp, le schéma actanciel de Greimas, et aussi celle fondée sur les règles de Bremond et de Todorov. La structure du modèle narratif de ce dernier est de type but/tâches nécessaires pour l'atteindre. ABL intègre aussi un mécanisme de réservation de ressources, permettant ainsi à un comportement de demander au vol l'utilisation d'une ressource corporelle avec une certaine priorité (Mateas & Stern 2002).

Les travaux que nous avons présentés précédemment ont un but artistique et sont conçus pour êtres utilisés par des personnes issues du domaine de la cinématographie et en particulier des scénaristes. Dans notre contexte d'étude, ce sont des thérapeutes qui sont chargés de concevoir et de mettre en œuvre les séances de thérapies proposées aux patients. Pour cela, le développement d'une solution adaptée à notre problématique devient nécessaire.

II.3. Réalité virtuelle et système multi-agent pour la formation :

Plusieurs synthèses sur les apports de la RV à la formation ont été publiées [Fuchs D'Cruz], ils ont montré l'intérêt pédagogique de mettre les apprenants dans des situations de formations contrôlés, interactives et immersives. Mais cela ne suffit pas pour réussir l'expérience d'apprentissage, il est nécessaire d'encourager le rôle et l'action de l'utilisateur et lui offrir un retour cohérent sur ses actions. Ce type de systèmes est appelé systèmes tuteurs intelligents ITS (Intelligent Tutoring System).

Depuis quatre décennies, une multitude de systèmes tuteurs intelligents ont été proposés, leur objectif est d'assurer l'autonomie de formation à leurs utilisateurs ainsi qu'une réactivité instantanée sur leurs actions. On peut classer les systèmes tuteurs intelligents ou ITS selon leurs stratégies de formation. Il y a les stratégies dites coopératives dans lesquelles le professeur partage l'expérience de formation avec l'utilisateur. Ce type de système regroupe trois types d'agents, l'utilisateur du système qui représente l'apprenant, le système qui joue le rôle du professeur et le compagnon de l'utilisateur qui est un agent simulé et qui coopère ses actions avec l'utilisateur pour réaliser les tâches de formation demandées. Il existe aussi des stratégies dites perturbatrices qui regroupent généralement trois types d'agent, l'utilisateur, le professeur qui représente le système et un autre agent simulé qui perturbe l'utilisateur en lui proposant des solutions pouvant être correctes ou erronées.

Parmi les premiers ITS proposés on peut citer SCHOLAR [] ANDES[] et ADIS[] qui permettent de poser à leurs utilisateurs des questions à partir d'une base de connaissances dans laquelle la solution de toutes les questions et problèmes sont stockés. L'utilisateur exprime ses réponses en langage naturel.

Le système STEVE [] est basé sur le moteur d'intelligence artificielle SOAR[] pour modéliser le raisonnement de l'expert humain pour résoudre le problème de formation proposé. STEVE a été utilisé dans la formation de maintenance de moteurs de bateaux (voir figure).

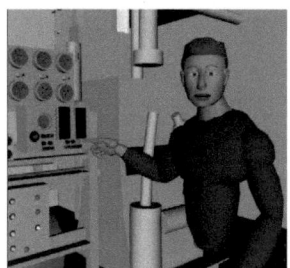

Figure II.15 STEVE appliqué à la maintenance de moteurs de bateaux.

L'expertise a été modélisée par un ensemble de règles de type : si une condition est vérifiée alors la règle est opérationnelle.

II.4. Les émotions : Modèles et mesure

La thérapie d'exposition par RV présente de grands potentiels comme une nouvelle méthode de traitement de différents troubles cognitifs, Il a été démontré que les sujets phobiques réagissent de la même manière aux stimuli virtuels qu'aux situations de la vie réelle, de plus, dans des expériences de RV, les agents virtuels sont capables de provoquer des émotions ou de l'anxiété chez l'humain (David-Paul Pertaub et al. 2002; M. Slater et al. 1999).

L'efficacité de la THERV pourrait être améliorée par l'introduction de mesures physiologiques (Brenda K Wiederhold & Mark D Wiederhold 2003) par d'exemple par enregistrement et affichage de ces signaux vers le patient (Brenda K Wiederhold & Mark D Wiederhold 2003; Brenda K Wiederhold & A.H. Bullinger 2005), ainsi, il apprend à contrôler son anxiété. Il a été prouvé aussi par (Vanhala & Veikko Surakka 2007a; Brenda K Wiederhold & Mark D Wiederhold 2003) que le contrôle volontaire des émotions par des signaux physiologiques affecte l'état émotionnel.

Une autre manière d'exploiter des signaux physiologiques est le monitorage physiologique (Vanhala & Veikko Surakka 2007a; Vanhala & Veikko Surakka 2007b; Partala et al. 2006; Anttonen & Veikko Surakka 2005; Wilhelm et al. 2006). Cette technique aide les thérapeutes à évaluer la progression de la thérapie à partir de mesures physiologiques et par conséquent ils décident de la nature et du degré de stimulation à générer.

Ces mesures concernent l'électro-encéphalographie, l'activité des muscles faciaux, rythme cardiaque, respiration et la conductance de la peau.

Le processus émotionnel est fortement lié à d'autres processus psychophysiologiques (comme l'attention et la cognition) (V Surakka et al. 1998), pour cela il est essentiel de les introduire dans les applications de reconnaissance et d'analyse d'émotions (Ward & Marsden 2003).

Comme chaque mesure physiologique est fonction de l'état physiologique et psychologique (Ward & Marsden 2003) il est difficile d'extraire l'état émotionnel du sujet à partir d'un seul signal. Le monitorage de plusieurs signaux physiologiques avec leurs caractéristiques par un opérateur humain est une tâche extrêmement ardue vue l'importance du flux d'informations survenues en temps réel.

Pour surmonter cette difficulté, Pentland (Pentland 2000) propose d'analyser et évaluer automatiquement les signaux physiologiques mesurés par les techniques informatiques d'intelligence perceptuelle, cela pourrait être réalisé par l'introduction d'un système proactif (Tennenhouse 2000).

II.4.1. Modèles d'émotion

Un travail de reconnaissance d'émotion dépend de la définition de ce qu'est une émotion. Les travaux de recherches sur les émotions se divisent en deux écoles, la première est basée sur une approche théorique dite catégorielle qui s'appuie sur la théorie de l'évolution (Tomkins 1962, Ekman 1972). Elle considère les émotions comme un ensemble d'états discrets : dégoût, peur, joie, tristesse et surprise (Paul Ekman 1992). Les principales approches de mesure d'émotion tentent d'associer des configurations spécifiques d'un ensemble de signaux à des états d'émotion. À titre d'exemple, le FACS (Facial Action Coding System, Ekman&Friesen, 1978) permet d'identifier six émotions de base. Cette idée peut être synthétisée par l'expression suivante :

Ou   sont des signaux et   des émotions.

Par exemple :   Sourire,   Joie ;
                sourcils abaissées   colère.

La deuxième école, dite dimensionnelle, elle a été introduite par Wilhelm Wundt. Actuellement, elle est essentiellement représentée par la théorie de l'appraisal qui considère que l'induction d'émotions est basée sur le processus de l'appréciation des situations qui affectent les buts et besoins de l'individu (Magda Arnold, Richard Lazarus, Klaus Scherer). Les émotions peuvent êtres différenciées selon des dimensions (critères) continues d'appraisal. Par exemple, la peur est générée à partir de l'évaluation d'un événement comme nouveau (Nouveauté de l'événement), désagréable (valence) et épuisant les ressources individuelles pour y faire face (coping).

Le principe de cette approche peut être représenté par la Figure II.16. L'émotion est le résultat de l'intersection entres différentes dimensions dont les valeurs sont déterminées à la base de signaux .

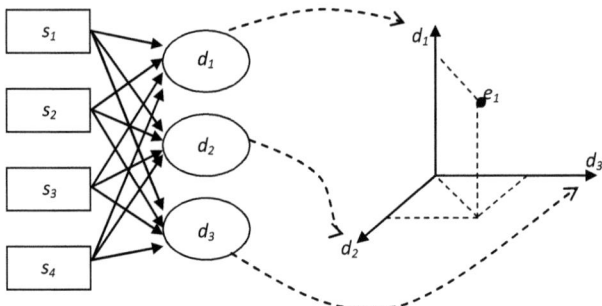

Figure II.16 Approche dimensionnelle

Certains voient les émotions comme étant un espace tridimensionnel continu basé sur la valence, l'arousal et la dominance émotionnelle (MM Bradley & PJ Lang 1994; Margaret M Bradley 2000). Sur Figure II.17,Figure II.18, Figure II.19 et Figure II.19, différents espaces dimensionnels sont donnés (Scherer 2005; Roddy Cowie et al. 2000; Plutchik & Kellerman 1980; Fitrianie & Rothkrantz 2006).

Ces deux écoles ont influencé de façon directe les travaux expérimentaux de mesure d'émotions.

CHAPITRE II
ÉTAT DE L'ART

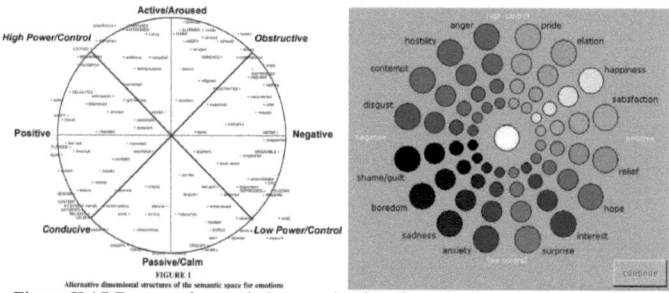

Figure II.17 Deux variantes de la roue des émotions de Genève (Scherer 2005)

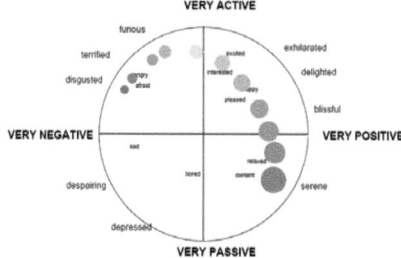

Figure II.18 FeelTrace : Espace bidimensionnel pour l'évaluation simultanée de stimuli (Roddy Cowie et al. 2000)

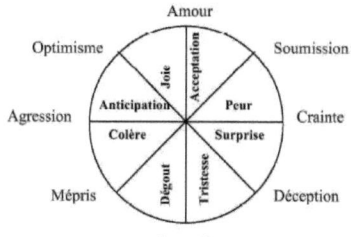

Figure II.19 Roue émotionnelle de (Plutchik & Kellerman 1980)

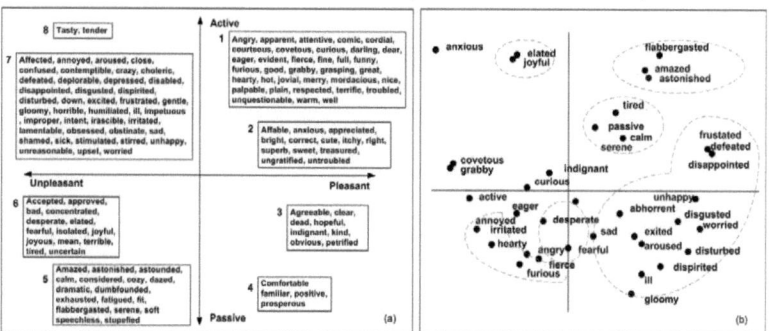

Figure II.20 À gauche : Espace bidimensionnel affectif. À droite : MDS (multidimensional scaling) espace lexical des émotions (Fitrianie & Rothkrantz 2006)

II.4.2. Mesure d'émotion

L'une des méthodes de mesure subjective d'émotion consiste à demander aux sujets de mettre leur état dans une échelle selon la valence émotionnelle (positive ou négative), l'arousal (de calme à excité) et dominance (d'être contrôlé à être contrôleur). Cette méthode requiert l'interruption de l'expérience émotionnelle ce qui représente un inconvénient majeur de cette technique.

En effet, dans les thérapies d'exposition, il est généralement demandé aux patients de rapporter des mesures subjectives relatives à l'intensité de l'anxiété ressentie, le SUDS est une échelle graduée de 0 à 10 ou à 100 (Krijn et al. 2004), c'est la plus utilisée en thérapie d'exposition.

L'interruption de la thérapie affecte fortement l'implication du patient dans l'expérience émotionnelle, cependant, le sens de présence est indispensable pour la réussite de la thérapie d'exposition (Öhman et al. 2000; Teller 2004; Wilhelm et al. 2006; Mandryk & Atkins 2007), ce qui représente un inconvénient majeur de cette méthode. Pour cette raison, la mesure des caractéristiques comportementales et physiologiques convient mieux à ce type d'application, il est même possible d'acquérir ces mesures d'une façon continue et en temps réel sans avoir besoin de perturber l'expérience émotionnelle (Öhman et al. 2000; Teller 2004; Wilhelm et al. 2006; Mandryk & Atkins 2007).

Cette technique offre la possibilité d'avoir des informations précises sur les réactions émotionnelles, par exemple, le moment exact d'une réaction à un stimulus pourrait être mieux identifié comparé à un auto-questionnaire.

II.4.3. Reconnaissance d'expression Faciale

Les réactions comportementales ont été largement utilisées pour la détection des réponses émotionnelles. Spiros et Ioannou (Spiros V. Ioannou et al. 2005) ont présenté un système adaptatif de reconnaissance d'émotion par analyse et évaluation des expressions faciales.

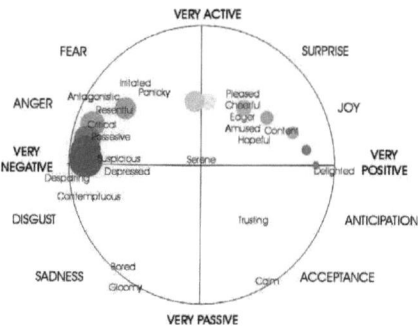

Figure II.21 Espace bidimensionnel et continu d'émotion (Spiros V. Ioannou et al. 2005).

Le système classifie les expressions faciales issues d'un flux vidéo en trois catégories associées aux trois quadrants ((+,+), (-,+) et (-,-)) d'un espace continu et bidimensionnel d'émotion (Figure II.21).

Les résultats (Figure II.22) ont montré que cette méthode présente un taux de réussite de 58% dans le cas d'une classification sans adaptation ; le taux passe à 78% après adaptations du modèle sur une personne particulière.

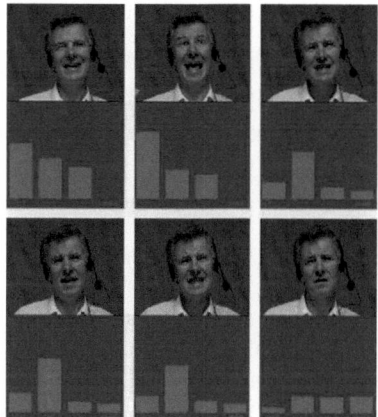

Figure II.22 Exemple de résultats de reconnaissance.
Les quatre barres correspondent au quadrants (+,+),(-,+),(-,-) et le cas neutre.

Un bon nombre de méthodes de classification d'émotion trouvées dans la littérature sont basées sur une représentation discrète des émotions (Donato et al. 1999; R. Cowie et al. 2001).

(Sohail & Bhattacharya 2007) ont proposé une technique entièrement automatique pour la détection et la classification de six expressions faciales basiques à partir d'images de visages. Le classifieur est basé sur le calcul du déplacement de 11 points d'intérêt sur le visage par rapport à d'autres points fixes (Figure II.23). Les résultats rapportés indiquent un taux de classifications réussites de 90.76%.

Généralement, ce type de méthode se contente de donner l'état émotionnel du sujet sans préciser son intensité.

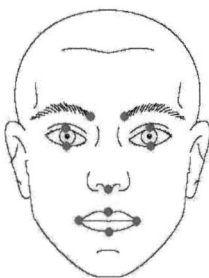

Figure II.23 Points d'intérêt utilisés pour détecter les activités faciales.

Récemment (Bailenson et al. 2008) a publié un système temps réel basé sur un algorithme d'apprentissage pour la détection automatique d'émotion (joie ou tristesse). Le classifieur utilise un flux vidéo de visages en conjonction avec des mesures physiologiques pour estimer l'état émotionnel ainsi que son intensité. Les résultats ont montré de bons taux de classification mais de faibles performances d'estimation de l'intensité émotionnelle.

Les méthodes basées sur des images vidéo requirent des vues bien éclairées sur les visages et des expressions faciales visibles, elles sont trop sensibles à la position des sources de lumière et à l'orientation de la tête du sujet (R. Cowie et al. 2005), mais elles permettent de réaliser des mesures objectives sans avoir besoin de restreindre les mouvements du sujets.

L'utilisation de mesures électro-physiologiques permet de surmonter certaines difficultés causées par les méthodes basées sur des images vidéo de visage grâce à sa précision et sa forte sensibilité aux activités musculaires.

II.4.4. Mesures Physiologiques

Les mesures physiologiques ont le potentiel de détecter des réponses émotionnelles non manifestées par le comportement observable de l'individu (J J Gross & R W Levenson 1997).

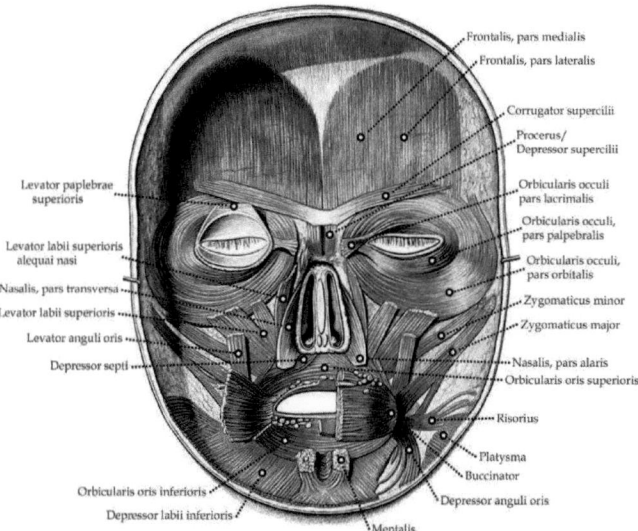

Figure II.24 Représentation schématique de la musculation faciale.

L'électromyographie (EMG) est, parmi les signaux physiologiques, un des plus utilisé pour la mesure des expressions faciales. L'EMG facial consiste à placer des électrodes sur des endroits précis sur le visage afin d'enregistrer les activités électriques des muscles faciaux (Tassinary & Cacioppo 2000). La Figure II.24 est une représentation schématique de la musculation faciale. Le corrugateur du sourcil, activé lors du froncement du sourcil et le zygomatique majeur, activé lors du sourire, ont été largement utilisés pour reconnaître les émotions.

Le corrugateur du sourcil est un petit muscle situé au bas du front le long de l'arcade sourcilière (Figure II.24), il a été prouvé que son activité augmente lorsqu'une personne expérimente des émotions négatives et diminue dans le cas des émotions positives.

Le zygomatique majeur est un muscle situé sur la joue, lors de son activation, il tire les coins de la bouche. L'intensité de son activation varie avec la valence émotionnelle à l'opposé du corrugateur du sourcil.

Un signal électro-physiologique peut contenir différentes informations, par exemple l'EMG faciale exprime l'intensité de l'activation du muscle, mais aussi la fatigue de ce muscle.

L'étude présentée par (Partala et al. 2006) a pour but le développement d'une méthode permettant d'estimer des expériences émotionnelles à partir de l'EMG faciale.

Cette expérience a été organisée comme suit : Une première phase de calibrage du système dans laquelle, ont été enregistrées les réactions faciales de dix participants à 24 images émotionnellement excitantes qui ont été sélectionnées à partir de l'IAPS (International Affective Picture System). Après chaque image les sujets ont rapporté la valence émotionnelle ressentie pendant l'expérience en utilisant une échelle à neuf niveaux. Après cette phase, les modèles d'estimation adaptative ont été mis à jour à partir des mesures subjectives et les réponses faciales enregistrées. Finalement le système a été testé sur les réponses des participants à 28 images et six vidéos émotionnellement excitantes. Les mesures subjectives ont été collectées après chaque exposition pour évaluer la précision de la méthode. Les résultats ont montré que le système a été capable de séparer les émotions négatives et positives avec un taux de 70% pour les images et 80% pour les vidéos. Les résultats ont enregistré une corrélation de 0.9 entre les mesures subjectives rapportées par les participants et les estimations de la valence émotionnelles sur l'échelle à 9 niveaux données par le système.

Cette étude a montré que l'expérience émotionnelle subjective peut être estimée en temps réel à partir des mesures de l'EMG faciale avec un modèle relativement simple.

Les possibilités d'amélioration de ce modèle sont nombreuses, bien que sa précision soit suffisante pour plusieurs applications pratiques.

Un autre système a été développé par la même équipe (Partala et al. 2005) mais sans phase de calibrage. La valence de l'expérience émotionnelle a été estimée en fonction de la direction de changement de l'EMG faciale. Ce système était capable de distinguer en temps réel les réactions positives et négatives avec un succès de 70% pour les images et 80% pour les vidéos.

II.4.5. Rythme cardiaque

Le rythme cardiaque et ses caractéristiques fréquentielles ont été aussi utilisés pour la reconnaissance des émotions (Malliani et al. 1991; Margaret M Bradley 2000; Robert W Levenson & Paul Ekman 2002; Anttonen & Veikko Surakka 2005).

Rainville (Rainville et al. 2006) a investigué le profil de l'activité cardiorespiratoire afin de reconnaître les quatre émotions : peur, colère, tristesse et joie. L'ECG (électrocardiogramme) et les activités respiratoires ont été enregistrés pour 43 participants sains pendant l'expérimentation d'un ou deux épisodes autobiographiques associés aux 4 émotions et un épisode neutre. Le système a pu détecter laquelle des quatre émotions le participant était entrain d'expérimenter avec un taux de réussite de 65%.

La problématique de reconnaissance de la temporisation exacte des réponses émotionnelles n'a jamais été étudiée. Dans les études de classification qu'on a pu consulter dans la littérature, les participants rapportent eux-mêmes le moment du début et de fin des réponses émotionnelles, les données ont été segmentées à la main. C'est évident qu'afin qu'il puisse réagir aux événements en temps réels, un système doit être capable de segmenter les signaux sans intervention humaine.

Une autre étude récente a été rapportée par (Vanhala & Veikko Surakka 2007b) dans laquelle le système temps réel s'appuie sur le rythme cardiaque du participant calculé chaque demi seconde afin de détecter automatiquement le début et la fin de la réponse émotionnelle associée aux deux expressions : sourire et froncement de sourcils. Le début des réponses émotionnelles a été détecté avec une justesse de 66.4% et la fin avec 70.2%, mais le taux de fausses détections a atteint 59.7%.

Les résultats des travaux de recherche présentés ont montré que le rythme cardiaque pourrait être utilisé pour la reconnaissance et classification d'émotion, mais lui seul ne suffit pas pour des applications pratiques.

II.4.6. Mesures multimodales

D'autres études ont utilisé plusieurs signaux pour classifier les états émotionnels (K Kim et al. 2004; Mandryk & Atkins 2007; D'Mello et al. 2007).

(Bailenson et al. 2008) ont comparé les classifieurs basés sur les activités faciales seules ou combinées avec d'autres mesures physiologiques comme le rythme cardiaque, conductance et température de la peau. Les résultats montrent que l'utilisation de mesures physiologiques améliore considérablement la précision de classification, les auteurs ont rapporté 15% d'amélioration dans le cas de la tristesse et 9% pour la joie.

De même, (Zeng et al. 2004) ont pu améliorer la précision de leur classifieur développé grâce à l'utilisation de l'expression faciale et d'indices sporadiques de la parole. Quand les deux modalités ont été utilisées séparément, les taux de classification ont enregistré 56% de réussites dans le cas de l'expression faciale et 45% dans le cas d'indices sporadique de la parole. Dans le cas de l'utilisation des deux modalités, le taux a atteint 90%.

(Busso et al. 2004) ont développé un système de reconnaissance d'émotion à partir de la parole et l'expression faciale. Les résultats obtenus sont similaires à l'étude précédente

Dans une autre étude, (W. R. Picard et al. 2001) ont proposé un classifieur d'émotion en huit classes basé sur quatre signaux physiologiques : l'EMG facial, BVP (Blood Volume Pulse), conductance de la peau et la respiration. L'étude a enregistré un taux de réussite de 81%.

La nécessité d'installation spécifique comme les électrodes, amplificateurs de précision, nettoyage de la peau présente un inconvénient de ce type de méthodes.

Grâce au développement technologique, ces dernières années ont connu l'apparition d'une nouvelle génération d'appareils de mesure sans fils non invasifs, en particulier pour l'EMG faciale (Teller 2004; Anttonen & Veikko Surakka 2005; Wilhelm et al. 2006).

À titre d'exemple, (Vehkaoja & Lekkala 2004; Nöjd et al. 2005) ont utilisé une bande contenant une grille d'électrodes en argent placée sur le front pour mesurer les activités musculaires du front et particulièrement le corrugateur du sourcil.

(Anttonen & Veikko Surakka 2005; Anttonen & Veikko Surakka 2007) ont développé un système de reconnaissance d'émotions basé sur le rythme cardiaque. Une chaise ordinaire contenant des capteurs électromécaniques a été utilisée pour mesurer le rythme cardiaque.

Grâce à cette nouvelle génération d'appareils de mesures, l'utilisation de mesures physiologiques semble plus pratique et plus adaptée aux applications de reconnaissances d'émotion que les méthodes basées sur les images vidéo.

II.5. Conclusion

Nous avons exposé dans ce chapitre des travaux de recherche concernant trois thèmes : l'utilisation de la RV en psychothérapie, le digital storytelling et la mesure des émotions. La plupart des études expérimentales sur les THERV ont conclu que cette nouvelle technique est aussi efficace que l'exposition in vivo, de plus, elle présente quelques avantages notamment le coût réduit de la thérapie ainsi que son caractère attractif.

En ce qui concerne le digital storytelling, nous avons constaté que les projets qui ont été développé dans ce cadre sont souvent destinés aux concepteurs confirmés en cinématographie.

Pour la reconnaissance des émotions, on peut regrouper les travaux de recherche en trois catégories : la première s'appuie sur les expressions du visage comme indicateur d'émotion, elle présente quelques inconvénients notamment sa forte sensibilité aux conditions d'éclairage, de plus, elle n'est pas adapté aux applications de RV car la projection de l'EV se fait généralement soit avec un visiocasque qui cache une bonne partie du visage, soit avec des projections dans des conditions sans éclairage. La deuxième utilise la mesure d'une manifestations physiologique de l'utilisateur (rythme cardiaque, conductance de la peau, la respiration …etc), mais souvent, il est difficile d'extraire l'état émotionnel à partir d'un seul signal physiologique. La troisième catégorie combine plusieurs signaux physiologiques pour renforcer le taux de reconnaissance, mais, cette catégorie nécessite toute une installation spécifique (électrodes, amplificateurs de précision, nettoyage de la peau …etc) et présente aussi des problèmes d'encombrement. L'utilisation d'appareils de mesure sans fils et non invasives qui ont été développées ces dernières années peut résoudre ce type de problème, cependant, le choix du type et nombre de signaux suffisants pour identifier l'état émotionnel présente un compromis qui dépend essentiellement de l'application ciblée.

CHAPITRE II
ÉTAT DE L'ART

CHAPITRE III

REGULATION D'ANXIETE

Le présent chapitre présente la démarche méthodologique que nous avons suivie. Nous commençons par rappeler la problématique étudiée, puis nous donnons le principe de l'approche proposée ainsi que les concepts théoriques associés à savoir la théorie des systèmes multi-agents. Par la suite, nous détaillons les deux éléments de la boucle de régulation émotionnelle, le bloc d'induction et le bloc de mesure d'émotions.

III.1. Introduction

L'utilisation de la RV pour le traitement des phobies et troubles cognitifs a connu ces dernières années de grands succès, le principe de cette technique consiste à faire évoluer le patient dans un monde virtuel dans lequel il affronte par étapes successives et de façon graduée les situations redoutées en réalité afin de le désensibiliser (Evelyne Klinger et al. 2004).

Généralement, les protocoles cliniques associés sont organisés en plusieurs séances hebdomadaires de 20 à 45 minutes chacune. Une séance de thérapie d'exposition se déroule en présence d'un psychothérapeute et d'un patient. Durant une séance, le psychothérapeute immerge le patient dans un EV dans lequel il affronte par étape les situations redoutées. L'EV est composé essentiellement d'objets 3D interactifs et d'avatars qui représentent des acteurs virtuels. Le psychothérapeute s'occupe principalement de la gestion de la séance, il se charge aussi de :

- Assurer le bon déroulement de la thérapie ;
- Estimer l'anxiété ressentie par patient ;
- Gérer le contenu de l'EV en fonction de l'état du patient ;
- Rapporter les mesures subjectives et objectives permettant d'évaluer l'avancement de la thérapie ;
- Assurer le travail cognitif avec le patient ;
- Relaxer et encourager le patient en cas de malaise.

Nous pouvons regrouper ces tâches en deux catégories, la première concerne les tâches qui nécessitent l'intervention du psychothérapeute et ne peuvent être réalisées que par lui notamment les points 1, 5 et 6.

La deuxième catégorie concerne les tâches qui peuvent être réalisées sans l'intervention d'un opérateur humain et cela concerne les points 2, 3 et 4. C'est à la base de cette dernière classification que nous bâtissons l'idée d'automatisation des séances de thérapie d'exposition dans le sens où on peut confier le traitement des tâches de la deuxième catégorie à un opérateur automatique intelligent.

D'autre part, ces dernières années ont connu un essor important dans le développement des technologies non invasives, sans-fil et des capteurs portables qui permettent de réaliser des mesures physiologiques comme le HR (Heart Rate), SC (Skin Conductivity) conductivité de la peau, EMG (Electromyogram), EEG (electroencephalogram)... Ces outils ont été largement utilisés dans des applications cliniques, thérapeutiques et d'assistance.

La disponibilité de cette technologie nous a encouragés à développer l'idée d'une automatisation des séances de thérapie par RV qui concerne essentiellement :

- La mesure de l'état d'anxiété du patient ;
- La gestion de l'EV.

Cette technique offre au psychothérapeute la possibilité de gérer des environnements variés et plus complexes munis d'un nombre de stimuli plus important.

L'idée d'automatisation des séances de THERV offre plusieurs avantages qui concernent essentiellement le patient et l'efficacité de la thérapie, nous citons à titre indicatif :

- Faire vivre au patient une expérience proche du monde réel en participant à la réalisation d'une histoire prévue et conçue par le psychothérapeute ;
- Laisser au patient la liberté de navigation dans le monde artificiel. Le patient est guidé par l'évolution des événements de l'histoire contrairement à la thérapie par RV habituelle où il est exposé a une suite ordonnée de situations anxiogènes gérée par le thérapeute (Max M North et al. 2002; B. Herbelin et al. 2002a; S Roy et al. 2003) ;
- Faire progresser le patient d'une façon lisse et continue en introduisant la mesure de son état d'anxiété dans le contrôle de l'intensité des stimuli.

À noter que cette approche ne vise pas à remplacer le psychothérapeute ou à minimiser le rôle du psychothérapeute dans l'expérience clinique, bien au contraire sa présence reste indispensable pour le bon déroulement de la thérapie. Le but ici est de proposer une boîte à outils permettant, d'un côté, de décharger le psychothérapeute des tâches que l'on peut automatiser, par conséquent, consacrer plus de temps à la thérapie proprement dite et, d'un autre côté, faciliter la démarche de conception des environnements virtuels menés par des scénarios.

Pour résumer, on peut dire que notre approche doit réguler le niveau d'anxiété du patient autour d'un niveau donné par le psychothérapeute qui dépend du patient et son avancement dans la thérapie, et assurer la cohérence des comportements des acteurs virtuels dans le monde virtuel et par conséquent la cohérence de l'histoire vécue par le patient.

III.2. Gestion automatique de séances de THERV

Comme montré sur la Figure III.1, une expérience clinique en THERV se compose essentiellement du psychothérapeute, du patient et du dispositif expérimental. Le patient explore le monde virtuel à travers une interface visuelle et un outil de navigation. Le psychothérapeute voit sur un écran d'ordinateur ce que regarde le patient, il contrôle le contenu du monde virtuel à l'aide d'un clavier, par exemple, pour faire parler ou déplacer un avatar. Le psychothérapeute adapte les comportements des avatars virtuels en fonction de l'état d'anxiété du patient. Il augmente le degré de stimulation lorsque celui-ci est non anxieux et diminue la stimulation s'il est très anxieux. L'objectif ici est de stimuler suffisamment le patient pour qu'il soit désensibilisé envers les situations anxiogènes, ce qui correspond au principe des thérapies d'exposition.

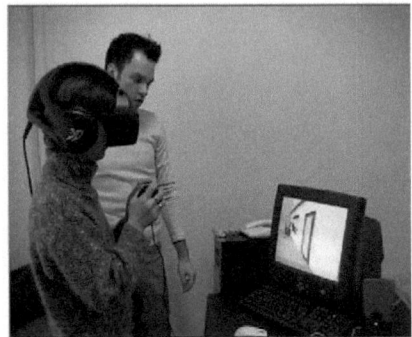

Figure III.1 Séance de thérapie par RV

D'un point de vu fonctionnel et comme montré sur la Figure III.2, le système peut être vu comme une boucle de régulation du niveau d'anxiété du patient dont l'élément régulateur est le psychothérapeute. L'élément commandé est l'état d'anxiété du patient et le moyen de régulation c'est l'ensemble des stimuli contenus dans l'EV(Moussaoui et al. 2007; Moussaoui et al. 2009).

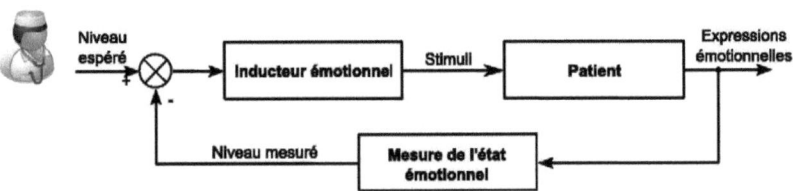

Figure III.2 Boucle de régulation.

L'idée est de réguler l'état émotionnel du patient autour d'un niveau de référence donné par le psychothérapeute. Ce niveau de référence dépend du patient et de son avancement dans la thérapie. Dans le contexte l'application de THERV, l'état du patient n'est autre que son niveau d'anxiété (Moussaoui et al. 2007; Moussaoui et al. 2009).

Le bloc « Inducteur d'émotion » est l'élément régulateur de la boucle, il génère en sortie des stimuli en fonction de l'erreur entre le niveau de référence et le niveau mesuré sur le patient. L'activation des stimuli sélectionnés affecte l'état du « Patient » qui va réagir par des « expressions émotionnelles ». Le bloc « mesure » traduit ces « expressions émotionnelles » en niveau d'anxiété mesuré (Moussaoui et al. 2007; Moussaoui et al. 2009).

Il est difficile d'avoir une mesure directe de l'anxiété du patient, mais plusieurs travaux de recherche ont montré que certains caractères physiologiques (l'électro-encéphalographie, l'activité des muscles faciaux, le rythme cardiaque, la respiration et la conductance de la peau) et les activités physiques (gestuelles, comportementales) sont liées aux émotions (P J Lang et al. 1998)(Zimmermann et al. 2003)(W. R. Picard et al. 2001). Le développement du bloc mesure ne fait pas l'objet de la présente étude. Nous nous intéressons dans notre travail au développement d'un inducteur d'émotions qui répond aux besoins thérapeutiques de notre application énoncés au début de ce chapitre. Notre solution à ce problème est basée sur la théorie des systèmes multi-agents que nous allons présenter dans la suite.

III.3. Les Systèmes multi-agents

Dans cette section, nous introduisons les notions et concepts que nous avons utilisés dans notre démarche méthodologique à savoir les systèmes multi-agents, en particulier le problème de décision d'un agent dans les environnements stochastiques. Nous commençons par donner une vue générale des systèmes multi-agents.

Un système multi-agents (Russell & Norvig 2003) consiste en un groupe d'agents rationnels en interaction entre eux. Les agents peuvent avoir le même intérêt, des intérêts en conflits ou des intérêts plus généraux. Il existe plusieurs définitions d'un agent et aucune d'entre elles n'est dominante (Russell & Norvig 2003). Un agent est tout ce qui peut être vu comme percevant son environnement au travers de capteurs et agissant sur cet environnement au travers d'effecteurs. (Russell & Norvig 2003). Un agent rationnel idéal cherche à maximiser une mesure de performance en fonction de ce qu'il perçoit et de la connaissance dont il dispose. (Russell & Norvig 2003).

III.3.1. Système multi-agents et l'IA distribuée :

L'approche moderne de l'intelligence artificielle est centrée autour de la notion d'agent rationnel. Un agent est une entité capable de percevoir son environnement à travers des capteurs et d'agir à travers des actionneurs (Russell & Norvig 2003).

Un agent rationnel essaye toujours d'optimiser une mesure de performance appropriée. Cette définition d'agent rationnel est assez générale, elle concerne des agents humains ayant des yeux comme capteurs et des mains comme effecteurs, des agents robots ayants des caméras comme capteurs et roues comme effecteurs ou des agents logiciels ayant une interface utilisateur comme capteurs et effecteurs en même temps.

À partir de ce point de vue, l'intelligence artificielle peut être considérée comme l'étude des principes et conception des agents artificiels rationnels.

Un agent se trouve rarement seul dans un système, généralement il coexiste avec d'autres agents souvent en communication entre eux. Un système qui regroupe un ensemble d'agents en interactions en eux s'appelle un SMA. L'intelligence artificielle distribuée est le domaine d'étude de principe et conception des systèmes multi-agents.

III.3.2. Caractéristiques d'un système multi-agents

a. Conception de l'agent :

Décrire les caractéristiques d'un SMA revient à répondre à la question suivante : quels sont les aspects fondamentaux qui caractérisent un SMA et qui permettent de le distinguer d'un système mono agent ?

Dans un SMA où les agents sont conçus à partir de modèles différents est dit hétérogène sinon il est dit homogène. Un modèle d'agent concerne son support physique et l'implémentation des différents comportements. L'hétérogénéité d'un agent concerne tous ces aspects fonctionnels, de la perception à la décision.

b. Environnement :

Un environnement peut être statique (ne change pas avec le temps) ou dynamique. La plupart des techniques de l'intelligence artificielle pour les systèmes mono agents ont été développés pour des environnements statiques à cause de la facilité de leur mise en œuvre, elles permettent aussi une étude mathématique plus rigoureuse. Dans un système multi-agents, la simple coexistence de plusieurs agents rend l'environnement dynamique du point de vue de chaque agent..

c. Perception

L'ensemble des informations collectées par les agents à travers leurs capteurs est typiquement distribué. Le fait que chaque agent observe des informations différentes des autres rend leur monde partiellement observable, cela affecte principalement leurs décisions.

Les agents peuvent combiner leurs perceptions pour augmenter leurs connaissances collectives sur le monde.

d. Commande

Contrairement aux systèmes mono agent, la commande dans un SMA est décentralisée. Pour des raisons de robustesse et de tolérance aux fautes, le contrôle décentralisé est favorisé par rapport au centralisé, cependant, la conception de système multi-agents distribué n'est pas toujours facile. Le problème de décision dans les systèmes multi-agents se retrouve dans la théorie des jeux. D'un autre côté, lorsque les agents partagent les mêmes intérêts, on parle d'un SMA collaboratif, dans ce cas, d'autres mécanismes de coordination sont nécessaires pour le bon fonctionnement du système.

e. Connaissances :

Dans un système mono agent, on admet que l'agent connaît parfaitement ses actions mais pas nécessairement leurs effets sur le monde. Dans un SMA, le niveau de connaissances de chaque agent sur l'état du monde peut être considérablement différent. En général, dans un SMA, chaque agent doit considérer les connaissances des autres agents dans sa décision.

III.3.3. Applications :

Les techniques des systèmes multi-agents ont trouvé des applications dans des domaines différents, il est difficile de dresser une liste complète de ces applications, mais certaines études attestent de leurs avantages et efficacité, particulièrement pour leurs :

- Rapidité et efficacité dues à leurs capacités de calcul parallèle asynchrone ;
- Robustesse et fiabilité ;
- Flexibilité et caractère évolutif dans le sens où on peut ajouter ou retirer un agent ;
- Le coût d'un agent est beaucoup plus faible que celui du système complet ;
- Développement et réutilisabilité dans le sens où on peut facilement développer et maintenir un système modulaire qu'un système monolithique.

Une application récente et populaire des systèmes multi-agents est le soccer robotisé ; le principe est de faire jouer un groupe de robots autonomes, réels ou simulés, contre un autre groupe (Vlassis 2007). Ce qui présente un banc d'essai pour les techniques et algorithmes associés au SMA. Une autre application réelle est celle des robots de secours où un groupe de robots doit explorer des environnements inconnus afin de trouver une victime ou éteindre le feu, etc.

Figure III.3 Exemple d'un le soccer robotisé.

III.3.4. AGENT

Un agent est une entité qui peut être vu comme percevant son environnement à travers des capteurs et agissant sur lui à travers des effecteurs. Lorsqu'un agent doit choisir la meilleure action possible à partir des connaissances dont il dispose sur son environnement, on parle de décision optimale. Un agent est dit rationnel (ou intelligent) s'il choisit toujours une action qui optimise une mesure de performance appropriée. La mesure de performance dépend de l'application, elle est définie par le concepteur de l'agent pour exprimer ce qu'il attend de lui.

Par exemple, un soccer robotisé doit agir pour maximiser les chances de son équipe de marquer un but. Un agent logiciel dans une enchère électronique doit minimiser les dépenses de son concepteur. Un agent informatique est conçu explicitement pour résoudre un problème ou une partie d'un problème implémenté dans un calculateur.

III.3.5. Sélection d'action

Le problème de décision d'un agent relève du domaine de la commande optimale. (Vlassis 2007). Nous considérons que l'agent doit choisir une action   parmi un ensemble fini d'actions   à chaque instant   dans un intervalle discret :

Intuitivement, pour qu'il soit rationnel à l'instant   , un agent doit prendre en considération son passé et son futur dans la prise de ses décisions. Son passé concerne l'historique de ses perceptions et ses actions qui ont été prises avant l'instant   . Son futur concerne ce qu'il espère percevoir et faire après l'instant   . On note par   les observations de l'agent à l'instant

. Un choix optimal à l'instant t implique que l'agent doit utiliser son historique d'observation et d'action   pour   .

La fonction   est appelée la politique d'un agent. Implémenter une telle fonction peut poser problème, en effet, l'historique complet peut représenter une quantité très importante d'informations qui diffère d'une application à une autre, rien que le stockage de l'historique nécessite une taille mémoire importante sans parler du temps de calcul de la politique . Une politique qui ignore l'historique de l'agent et qui fait simplement une association entre son observation actuelle à l'instant   et l'action   est dite réactive ou sans mémoire. Dans ce cas, cette politique prend la forme suivante :   .

III.3.6. Observabilité et propriété de Markov

Les termes agent et environnement sont couplés au point où on ne peut définir l'un sans parler de l'autre. Nous considérons l'existence d'un monde dans lequel plusieurs agents perçoivent, pensent et réagissent. On note par   l'état du monde, c'est l'ensemble des informations sur le monde à l'instant   qui sont significatives vis-à-vis la réalisation de l'objectif.

En fonction de la nature du problème traité, un monde peut être continu ou discret. Un monde discret peut être caractérisé par un nombre fini d'états. L'ensemble des états du monde est noté . La plupart des techniques de l'intelligence artificielle ont été développées pour des mondes discrets ce qui correspond à notre étude.

a. Observabilité :

Une propriété fondamentale qui caractérise un monde du point de vue d'un agent est liée à sa perception. Un monde est complètement observable à un agent si la perception actuelle de l'agent exprime parfaitement l'état du monde   , cela veut dire que   .

D'un autre côté, pour un monde partiellement observable, l'observation   de l'agent ne donne qu'une partie des informations sur l'état actuel du monde   sous la forme d'un modèle d'observation stochastique ou déterministe, par exemple une distribution de probabilité   . Cela implique que l'observation actuelle   ne donne pas le vrai état du monde, mais à chaque état   l'agent associe une probabilité   avec   est le vrai état (et   )   a été considérée comme étant une variable aléatoire sur . Sinon, le couplage stochastique entre   et   pourrait être défini par un modèle

CHAPITRE III
REGULATION D'ANXIETE

d'observation de la forme , une distribution d'état à posteriori pourrait être ainsi calculée à partir d'une distribution a priori en utilisant la règle de Bayes :

Une observabilité partielle peut être due à deux facteurs : premièrement elle pourrait être le résultat du bruit sur la mesure au niveau des capteurs des agents.

Deuxièmement, elle pourrait être aussi liée à la nature de l'environnement, comme à titre d'exemple l'aliasing perceptuel où différents état de l'environnement produisent à l'agent des observations identiques.

Quand le système est partiellement observable, les algorithmes de décision optimale deviennent difficiles à mettre en œuvre.

b. Propriété de Markov

Considérons maintenant le cas d'un agent réactif avec une politique réactive dans un monde complètement observable. La supposition d'observabilité implique . donc la politique de l'agent s'écrit : . Autrement dit, dans un monde observable, la politique d'un agent réactif est une association entre l'état du monde et les actions de l'agent.

Un monde, dont l'état à un instant englobe une caractérisation complète de l'historique avant l'instant , est dit Markovien ou possède la propriété de Markov. Dans la suite, nous allons voir comment un agent tient compte de son futur dans ces décisions.

III.3.7. Transitions stochastiques et utilité

Comme il a été mentionné plus haut, à chaque instant , l'agent sélectionne une action parmi un ensemble fini d'actions . Lorsqu'un agent choisit une action, le monde change comme conséquence à cette sélection. Un modèle de transition ou modèle du monde, exprime la manière avec laquelle le monde change suite à la sélection d'une action. Supposons que l'état actuel du monde est et l'agent choisit une action à partir de . On peut distinguer les deux cas suivants. Pour un monde déterministe, le modèle de transition associe un couple état-action à un nouveau état , comme l'exemple du jeu d'échecs. Pour un monde stochastique, le modèle de transition associe au couple état-action une distribution de probabilité sur tous les états. Comme dans le cas de l'observabilité partielle, est une variable aléatoire sur . La plupart des applications réelles nécessitent des modèles de transition stochastiques : exemple d'un robot mobile. Nous avons vu plus haut que parfois, l'observabilité partielle peut être due à l'incertitude de la perception de l'agent, mais dans le cas du paragraphe actuel, nous examinons un autre cas où l'incertitude joue un rôle dans la manière de changer le monde quand un agent exécute une action. Dans un monde stochastique, l'effet d'une action sur le monde ne peut pas être prévu. Ce point introduit une difficulté supplémentaire dans la prise de décision optimale par un agent.

a. L'utilité

Une planification est définie comme étant une recherche d'un chemin optimal vers l'objectif dans l'espace d'état. L'objectif d'une tâche donnée n'est autre qu'un état désiré du monde. Dans le cas d'un monde déterministe, la planification devient un simple problème de recherche qu'on peut résoudre avec l'une des méthodes présente dans la littérature (Russell & Norvig 2003).

Dans le cas d'un monde stochastique, la planification n'est pas une simple recherche dans un graphe, car les transitions entre états sont non déterministes. L'agent doit prendre en considération l'incertitude des transitions dans sa prise de décision. L'une des notions utilisées pour palier ce problème est la préférence entre les états du monde. Une façon de formaliser cette notion consiste à associer à chaque état un nombre réel appelé l'utilité de l'état s d'un agent donné.

Pour deux états donnés et , on prend si et seulement si l'agent préfère l'état à l'état , et si et seulement si l'agent est indifférent entre le choix de ou Les utilités plus élevées correspondent aux états les plus désirables pour la réalisation d'un objectif.

Par exemple pour un agent d'un soccer robotisé, marquer des buts à l'équipe adverse est plus utile que recevoir des buts.

b. Utilité espérée

La question qui se pose maintenant : Comment un agent introduit-il les utilités dans sa décision ?

Considérons que le monde est stochastique, avec son modèle de transition et supposons que l'état actuel est . La décision basée sur l'utilité s'appuie sur la prémisse que l'action optimale d'un agent à l'état doit maximiser l'utilité espérée, alors on a :

L'agent doit choisir l'action qui maximise la somme, des utilités de chaque état suivant possible multiplié par la probabilité d'y passer à partir de l'état actuel.

III.3.8. Coordination

a. Jeux de coordination

Comme nous l'avons dit auparavant, la prise de décision dans un SMA doit être décentralisée pour des raisons de performances et de tolérance aux fautes ce qui requiert l'ajout de techniques de coordination. Dans le cas des agents collaboratifs, la coordination assure que les agents ne se perturbent pas mutuellement lors de leurs prises de décision et que l'action sélectionnée serve l'objectif global du groupe.

Reprenons l'exemple du soccer robotisé, considérons la situation où la balle se trouve à mi-distance entre deux agents attaquants, s'ils décident tous les deux d'aller vers la balle ils se perturbent mutuellement, ce qui va à l'encontre de leur objectif global.

La coordination peut aussi être vue comme un processus avec lequel les décisions individuelles des agents participent à la bonne décision partagée du groupe. On peut considérer un problème de coordination comme un jeu de coordination en théorie des jeux, par conséquent, les solutions proposées en ce domaine, comme par exemple l'équilibre de Nash, peuvent être utilisées pour résoudre le problème de coordination entre agents.

Considérons l'exemple de deux agents qui veulent aller ensemble au cinéma, le premier préfère regarder un thriller, le deuxième une comédie (Tableau III.1). Les agents ont intérêt à choisir le même style pour aller ensemble. Ce jeu admet deux équilibres de Nash (Thriller, Thriller) et (Comédie, Comédie).

Tableau III.1 L'exemple du Thriller-Comédie.

		Agent 2	
		Thriller	Comédie
Agents 1	Thriller	1,1	0,0
	Comédie	0,0	1,1

Exprimer le problème de coordination entre agents sous la forme d'un problème de sélection d'équilibre dans un jeu offre la possibilité d'utiliser les techniques existantes en théorie des jeux (John C. Harsanyi & Reinhard Selten 1988) comme par exemple les conventions sociales, rôles, graphes de coordination, élimination de variables, passage de messages...etc. Dans notre étude, nous nous limitons aux techniques de coordination simples qui peuvent être implémentées facilement en pratique.

b. Conventions sociales

Une convention sociale peut être vue comme étant une opération qui place des contraintes sur les actions possibles d'un agent, c'est une règle qui dicte à l'agent la manière de choisir des actions dans un jeu de coordination afin d'atteindre un équilibre.

Pour l'exemple de choix entre comédie et thriller, un équilibre unique peut être sélectionné si on impose par exemple l'ordre suivant : chaque agent calcule les équilibres possibles du système et choisit celui qui correspond à ses préférences, puis, on affecte aux agents des priorités, par exemple, selon l'ordre lexicographique de leurs noms (agent 1 et plus prioritaire que l'agent 2). Par conséquent, l'équilibre (Thriller, Thriller) sera sélectionné.

c. Rôles

La coordination par règles sociales repose sur la supposition qu'un agent peut calculer l'ensemble des équilibres dans le jeu pour en choisir un. Cependant, ce calcul peut être très coûteux en temps surtout quand le nombre d'agents et d'actions augmente. Une manière naturelle pour palier à ce problème est de réduire le nombre d'actions possibles d'un agent en leur affectant des rôles. Un rôle peut être vu comme un opérateur de masquage sur l'ensemble des actions d'un agent dans certaines situations.

Par exemple dans le cas du soccer robotisé, affecter les rôles « d'attaquant », « de défenseur »...selon la situation des agents représente une solution au problème de conflit entre agents.

III.4. Inducteur d'anxiété

Revenons maintenant sur la conception du bloc d'induction, nous rappelons que la solution du problème décrite au début de ce chapitre s'appuie sur la théorie des systèmes multi-agents. En effet, une séance de thérapie par RV comporte le patient, des acteurs virtuels et un monde artificiel 3D. Un système multi-agents est composé essentiellement par des agents et un environnement. Nous considérons que les agents représentent les acteurs virtuels et le patient représente l'environnement du SMA (Moussaoui et al. 2009; Moussaoui et al. 2011).

Remarque : Dans la suite de ce chapitre et pour des raisons de clarté, nous allons nous servir de l'EV développé (voir CHAPITRE IV) pour illustrer quelques exemples d'actions et de situations. Les comportements des agents ont été concrétisés par l'incrustation de séquences vidéo enregistrées avec de vrais personnages.

III.4.1. Les agents et leurs actions

a. Les actions

Pendant une séance de thérapie, le patient est exposé aux actions activées par les agents, qui représentent une source de stimulation du patient car elles affectent son état d'anxiété. On note par   l'ensemble des actions d'un agent. On peut en distinguer deux types selon leurs rôles dans l'EV : des actions stimuli et des actions de fond.

Notons par   l'ensemble des stimuli d'un agent et par   l'ensemble de ses actions de fond avec :

(1)

b. Les actions de fond

Les actions de fond sont activées par les agents lorsqu'ils ne sont pas en interaction ni avec le patient ni avec un autre agent, elles sont caractérisées par un effet indifférent sur le patient. L'utilisation des actions de fond est indispensable pour la cohérence des comportements des agents : si un agent ne participe pas à la stimulation du patient à un moment donné, il continue à « vivre » et à « exister » dans le monde virtuel.

À titre d'exemple, nous présentons trois actions de fond d'une secrétaire. Comme illustré sur la Figure III.4, elle utilise son ordinateur, prend des notes ou réfléchit. À noter que la Figure III.4 représente des arrêts sur image enregistrées à partir de séquences vidéo.

Figure III.4. Exemples de trois actions de fond.

c. Les stimuli

Les stimuli sont les actions susceptibles de provoquer un changement du niveau d'anxiété chez le patient, par exemple un agent dit « bonjour … » ou le regarde de loin. Ce type regroupe les actions d'assistance et les actions auxiliaires.

Les actions d'assistance aident le patient à suivre l'évolution de l'histoire prévue, elles permettent aussi d'encourager le patient à affronter les situations anxiogènes dans lesquelles il montre un comportement d'évitement. Par exemple un agent demande au patient d'aller à un endroit, mais n'y va pas volontairement ou involontairement (par exemple se trompe), les agents dans son entourage peuvent lui rappeler le chemin ou l'encourager à avancer.

Les actions auxiliaires désignent les actions qui doivent être activées en parallèle avec d'autres actions pour des raisons de cohérence de la scène. Par exemple une secrétaire parle au téléphone avec son collègue, les deux se trouvent dans le même espace de travail. Supposons que le patient est devant la secrétaire (Figure III.5).

Figure III.5. Exemple d'action auxiliaire.

CHAPITRE III
REGULATION D'ANXIETE

Les stimuli de la secrétaire affectent le patient, mais les actions de son collègue ne sont activées que pour qu'il ait une scène complète et cohérente. Pour cela, on dit que l'action du second agent est auxiliaire à l'action du premier.

d. L'effet d'un stimulus

Un stimulus est caractérisé principalement par son effet donné par :

$$\qquad \qquad (2)$$

est un réel qui exprime le degré et la nature avec laquelle un patient phobique social sera affecté par l'action . Il est donné par un expert. Une action de type stimulus peut être Rassurante, Neutre ou Anxiogène. Sur la Figure III.6 trois stimuli sont représentés. Respectivement à partir de la gauche, Rassurant, Anxiogène et Neutre.

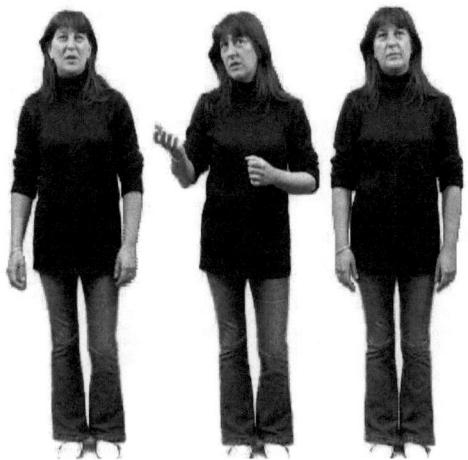

Figure III.6. Exemples de stimuli.

e. Le Patient

Rappelons que le patient est un élément de l'environnement du SMA. Afin qu'ils puissent réagir correctement, les agents doivent connaître à tout moment son état. Le thérapeute informe le système sur le degré d'anxiété du patient en introduisant son état au travers du clavier. On a choisi d'exprimer ces états avec deux variables : le niveau d'anxiété mesuré et sa vitesse de changement. Le niveau d'anxiété peut être : Rassuré, Anxieux ou Très Anxieux (Tableau III.2).

CHAPITRE III
REGULATION D'ANXIETE

Pour la vitesse on a choisi de la diviser en trois intervalles : en descente, stable, en montée. Sur les cellules du tableau correspondant aux états du patient (Tableau III.2), les flèches représentent les possibilités de transitions entre les états.

On note par S l'ensemble des états du patient :

$$S = \{AT, AA, AR, ST, SA, SR, MT, MA, MR\} \quad (3)$$

Le principe des thérapies d'exposition est de mettre le patient face aux stimuli anxiogènes, autrement dit, de maintenir le patient dans un état anxieux. Par conséquent, nous pouvons considérer que notre but est de ramener le patient à l'état Anxieux-Stable noté SA :

Le modèle de transition d'un environnement exprime la manière avec laquelle l'environnement change d'état lorsqu'une action donnée est activée. Le modèle du patient est stochastique. Considérons la situation suivante : le patient est dans un état rassuré, on désire le stimuler. Le fait d'activer une action anxiogène comme par exemple « regarder attentivement le patient », n'implique pas forcément que le patient passe à l'état anxieux car cela dépend de plusieurs paramètres comme l'obligation de regarder le patient. Soit s l'état du patient à l'instant t et s' l'état vers lequel le patient passe suite à l'activation d'une action a avec : $s \in S$ et $s' \in S$. Le modèle de transition est une distribution de probabilité $T(s, a, s')$ sur tous les états suivants possibles s'.

Tableau III.2 États du sujet.

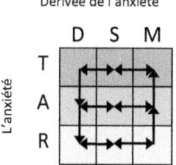

Tableau III.3 L'Utilité des états.

Dérivée de l'anxiété

		D	S	M
L'anxiété	T	3	2	1
	A	4	5	4
	R	1	2	3

CHAPITRE III
REGULATION D'ANXIETE

f. La régulation de l'anxiété

Dans les environnements stochastiques, trouver la suite d'actions permettant d'atteindre l'objectif n'est pas une simple recherche dans un graphe car les transitions entre les différents états sont non déterministes et les agents doivent prendre en considération l'aspect probabiliste des transitions dans leurs décisions. L'un des concepts utilisés pour introduire l'incertitude de transition entre états dans la décision des agents est celui de l'utilité espérée (Russell & Norvig 2003). L'utilité d'un état , notée   est un réel qui exprime son importance pour la réalisation d'un objectif donné.

L'objectif d'un agent est   un état désiré de son environnement et il a l'utilité la plus élevée. Le Tableau III.3 montre l'utilité des différents états du patient. Notons aussi que dans notre cas, l'utilité d'un état ne change pas d'un agent à un autre car, ces derniers coopèrent et partagent le même objectif. Pour qu'il soit rationnel à l'état , un agent doit choisir une action optimale   qui maximise l'utilité espérée donnée par :

$$\text{avec} \tag{4}$$

$$\tag{5}$$

Chaque agent calcule son action optimale   qui maximise la somme de l'utilité de chaque état suivant possible   multipliée par la probabilité d'y passer.

Intéressons-nous au calcul de la distribution de probabilité   .

Supposons que le patient est dans l'état , on dit que le patient répond à l'action   :

- si   est anxiogène alors le patient passe à l'état le plus anxieux que   ;
- si   est rassurante alors le patient passe à l'état le moins anxieux que   ;
- si   est neutre alors le patient ne change pas d'état.

On note par   l'état vers lequel le patient passe s'il répond à l'action   . On suppose que : soit le patient passe à l'état   soit il ne change pas d'état. Cette dernière caractéristique nous permet d'écrire :

$$\tag{6}$$

La probabilité   ne dépend pas uniquement de , et la nature de   , mais aussi de certains paramètres liés à l'effet de   sur le patient et aux conditions de son activation, de ce fait   est fonction de deux éléments distincts(Moussaoui et al. 2011) :

CHAPITRE III
REGULATION D'ANXIETE

- La probabilité que le patient passe de l'état à si on active l'action dans des conditions où le patient voit ou entend avec certitude ;
- Les conditions d'activation de dans le contexte actuel de l'application. Ces conditions se résument en deux paramètres : La distance entre le patient et la source de l'action et la direction de vision du patient par rapport à la source de l'action.

Soient :

la probabilité que le patient réponde au stimulus ;

la probabilité que le patient voie ou entende le stimulus ;

désigne la probabilité que le patient passe de l'état à sachant qu'il a vu ou entendu l'action ;

désigne la probabilité que le patient ait vu ou entendu l'action et qu'il est passé de à sûrement.

D'après le théorème de Bayes (Russell & Norvig 2003), on a :

$$\frac{\qquad}{\qquad} \qquad (7)$$

Rappelons que nous avons considéré que l'action est la seule source de stimulation du patient dans le monde artificiel, alors si le patient change d'état de à , alors c'est forcément à cause de l'action , de ce fait on peut conclure que . Donc de "(6)," on a :

$$\qquad (8)$$

est la probabilité que le patient passe de à sachant qu'il a vu ou entendu l'action . On considère que est fonction de l'effet de l'action selon les relations suivantes :

$$\begin{array}{c} - \quad - \\ \\ - \quad - \end{array} \qquad (9)$$

désigne la probabilité que le patient voie ou entende l'action . Un modèle de ce type n'est pas disponible dans la littérature. Nous avons défini un modèle simplifié basé sur les règles suivantes :

- Le patient entend ou voit avec certitude les actions qui se trouvent dans son axe de vision et placées à moins de 4m ;

CHAPITRE III
REGULATION D'ANXIETE

- Les actions décalées de 30° par rapport à son axe de vision, et placées à moins de 2m ont une probabilité de 0.7 ;
- Les actions décalées de 90° par rapport à son axe de vision, et placées à moins de 2m ont une probabilité de 0.3 ;
- La probabilité des actions décalées de plus de 90° et placés à moins de 2m vaut 0.1 ;
- Au-delà de 2m, la probabilité   est inversement proportionnelle à la distance entre l'action et le patient.

III.4.2. La gestion des conflits

Dans le cas des agents collaboratifs, la coordination permet d'assurer qu'aucun des agents ne perturbe les autres agents lorsqu'il choisit une action et que ses actions servent l'objectif global du groupe. L'affectation de rôles aux agents est un outil très utilisé comme technique de coordination. Un rôle peut être regardé comme un opérateur de masquage sur l'ensemble des actions d'un agent dans certaines situations. À titre d'exemple, considérons la situation suivante : le patient est dans l'état Rassuré. Deux agents sont devant lui et chacun possède un stimulus. Si les deux agents activent leur stimulus simultanément ils risquent de se perturber mutuellement et qu'aucun d'entre eux ne réussisse son action. Par exemple, le premier dit « Bonjour » et l'autre dit « Avez-vous l'heure ? ». Pour cela les différents agents doivent coordonner leurs actions. Pour cette raison, nous avons choisi de n'autoriser qu'un seul agent à entrer en interaction avec le patient et cela en introduisant le rôle d'Agent principal (Moussaoui et al. 2011). Celui-ci sera affecté à l'agent possédant l'action qui a le plus de certitude à faire passer le patient à un état utile, l'utilité espérée de stimulus convient parfaitement à cette fin.

Notons par   le potentiel de l'agent   d'être l'agent principal.   vaut l'utilité espérée la plus élevée calculée sur l'ensemble des actions possible de l'agent   . Le rôle agent principal sera attribué selon l'algorithme suivant :

```
Pour chaque Agent   en parallèle
1. Calculer    de l'agent    au rôle d'Agent principal.
2. Diffuser    au reste des agents.
3. Attendre jusqu'à réception de potentiels des autres.
4. Accorder le rôle d'Agent principal à l'agent qui maximise    .
5. Fin Pour.
```

III.5. Gestionnaire de l'histoire

Rappelons que le système multi-agents doit réguler le niveau d'anxiété du patient et générer des histoires cohérentes. Notre approche consiste à proposer un ensemble d'outils permettant aux thérapeutes ou autres personnes non familiarisées avec la scénographie de transformer une histoire en scénarios réalisables dont l'élément principal est le patient, les avatars virtuels sont représentés par des agents. Un agent peut être aussi un objet 3D interactif appartenant au monde artificiel (Moussaoui et al. 2010).

III.5.1. Le scénario

Le gestionnaire de l'histoire aide les agents à déterminer l'ensemble des actions possibles en fonction de la situation dans laquelle ils se trouvent. La situation d'un agent est déterminée par sa localisation géographique et l'avancement du scénario. Durant son évolution dans le monde artificiel, le patient génère des événements selon sa localisation géographique. Ces événements vont servir, d'un côté le gestionnaire de l'histoire et d'un autre les agents pour réagir aux actions du patient. Au début de la séance de thérapie, le thérapeute informe le patient de l'objectif global de la séance sans lui donner d'explications sur les détails de ce qu'il va découvrir pendant la séance. Par exemple dans le cas d'une banque virtuelle, le thérapeute explique au patient qu'il va entrer dans la banque pour retirer de l'argent. Ensuite, le patient suit l'évolution de l'histoire dans le monde artificiel. Les agents demandent au patient, à travers des actions, de réaliser des tâches, par exemple d'aller à un endroit précis.

La réalisation des tâches par le patient est signalée par des événements, soit l'ensemble des événements dans le monde artificiel. Chacune des tâches demandées au patient correspond à un nœud dans le scénario, La suite ordonnée de nœuds du début jusqu'à la fin de la séance forme un scénario. Le couple   avec :   et   : désigne l'action   qui demande au patient de réaliser une tâche et l'événement   qui signale la réalisation de la tâche par le patient, avec   le nombre d'agents,   l'ensemble de stimuli de l'agent . Un nœud ne correspond pas uniquement à un seul couple   , mais à plusieurs. En effet, une tâche peut être demandée au patient, soit de différentes manières par le même agent ce qui correspond à différentes actions, soit par d'autres agents. De même, une tâche peut être réalisée par le patient de différentes manières ce qui correspond à différents événements. De ce fait, le nœud   est associé à un ensemble   de couples   permettant de passer du nœud   à   .(Moussaoui et al. 2011)

CHAPITRE III
REGULATION D'ANXIETE

Le couple   désigne une condition de passage du nœud   du scénario au nœud   .
L'action   demande au patient de réaliser une tâche, l'événement   signale sa réalisation.
Ainsi, un scénario à   nœuds peut-être définit par la suite ordonnée   .

Considérons l'exemple de trois agents (Figure III.7). On note par   la   -ème action de l'agent   .

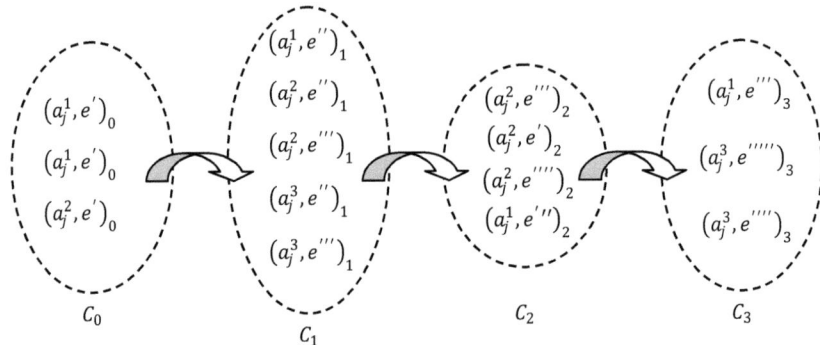

Figure III.7 Exemple d'un scénario à quatre nœuds.

Cette illustration montre un point important de notre conception, en effet, l'une des questions qui nous ont préoccupé pendant notre étude est de trouver un modèle flexible dans le sens où on peut ajouter ou retirer des agents sans affecter le bon fonctionnement du système.

Cette situation est similaire au problème de tolérance aux fautes dans le cas d'un SMA, le système doit continuer à fonctionner et réaliser ses tâches mêmes dans le cas du dysfonctionnement de l'un de ses agents. À partir de l'illustration précédente, on peut facilement analyser l'enchaînement des nœuds et détecter d'éventuelles coupures entres eux. Ceci nous permettra d'assurer que le scénario va se dérouler jusqu'à la fin.

Dans le cas de coupure entre les nœuds, on doit, soit mettre à jour les actions de l'un des agents existants dans le système, soit ajouter au système un autre agent qui assure le passage entre les nœuds en question.

III.5.2. Réaction aux événements

Les événements déclenchés par le patient permettent aux agents de réagir à ses actions. Un agent associe à un événement donné une ou plusieurs actions qui vont être activées.

Soit   la matrice donnant les liens événement-action, avec :   est le nombre d'agents,   et   l'intervalle de nœuds. A titre d'exemple,   indique que la réalisation de l'événement   au 3 ième nœud du scénario sera suivie par l'activation de   .

III.5.3. Les liens entre actions

Dans certains nombres de situations, la sélection d'une action par un agent oblige l'agent lui-même ou un autre à la faire suivre par une autre action. La réponse à cette question consiste à utiliser des règles de précédences représentées par un graphe de liens entre actions. Ceci n'est valide que dans le cas d'un nombre d'actions réduit comme dans notre étude.

   désigne la matrice qui donne les liens action-action, avec :   est le nombre d'agents,   et   l'intervalle de nœuds. Par exemple   exprime qu'au 2 ième nœud du scénario, l'exécution de l'action   sera suivie par l'exécution de l'action   .

III.6. Outils de conception

Nous décrivons dans cette section la démarche de conception des environnements virtuels ainsi que la boîte à outils logicielle que nous avons développée pour cette fin. Cette démarche permettra au psychothérapeute de concrétiser l'idée d'un scénario d'exposition sans avoir besoin de connaissances particulières sur la scénographie.

III.6.1. De l'idée au scénario

Pour les applications en psychothérapie, l'idée d'un EV d'exposition commence généralement par le choix du lieu où le scénario se déroule ; ce choix dépend essentiellement du diagnostic du patient. Le lieu exposition peut être une place publique, station de métro, bureau de poste, supermarché, une banque ...etc.

Après la détermination du lieu d'exposition, vient la désignation des situations anxiogènes. Par exemple prendre la parole en public, téléphoner en public, être sous le regard attentif d'autrui...etc. Un scénario peut être ainsi déterminé par l'élaboration d'enchaînement cohérent des situations anxiogènes, ce qui permet de donner une suite logique aux événements. À ce niveau, le concepteur peut identifier les différents acteurs (agents) qui interviennent dans le scénario ainsi que leurs différentes d'actions.

III.6.2. Conception des environnements virtuels

La démarche de conception d'un environnement se divise en deux étapes, la première concerne la préparation de modèles, elle se divise à son tour en trois opérations indépendantes qui peuvent être réalisées en parallèle, la deuxième étape consiste en une seule opération de mise en œuvre de l'ensemble.

Nous commençons cette description par les opérations de l'étape de préparation de modèles.

a. Édition et simulation du scénario

Cette opération concerne l'introduction des différentes informations liées au scénario appelées aussi « configuration du scénario », elle regroupe les informations concernant les agents, actions, types d'action, scénario, édition d'événements, liens action-action, liens événement-action et les utilités des états du patient.

Pour mener à bien cette opération, nous avons développé l'outil logiciel « ESinario »(Éditeur-Simulateur de scénario), son interface offre une vue en plan sur l'EV (Figure III.8), il permet d'éditer visuellement la « configuration du scénario ».

« ESinario » offre aussi la possibilité de simuler les comportements des agents ainsi que les déplacements et que les réactions émotionnelles du patient, ce qui permet au psychothérapeute d'avoir un retour rapide de l'exécution de son scénario et par conséquent sa validation.

CHAPITRE III
REGULATION D'ANXIETE

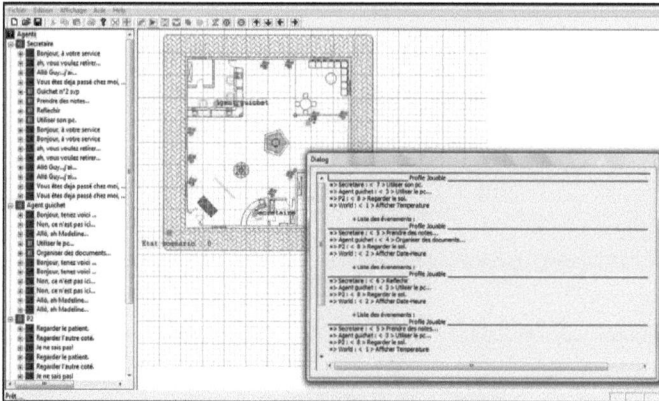

Figure III.8 L'interface graphique de « ESinario ».

Une fois validé, la « configuration du scénario » peut être enregistrée dans un document XML (Extensible Markup Language) appelé aussi « documents de configuration du scénario ». Une présentation plus détaillée des différentes fonctionnalités et boîtes de dialogue de « ESinario » est donnée dans l'ANNEXE II.

b. Tournage et préparation des actions

Cette opération consiste à préparer les séquences vidéo et les enregistrements audio associés aux actions des agents. Le travail consiste à enregistrer les actions avec de vrais acteurs afin de les incruster par la suite dans le monde virtuel.

Un moyen simple et accessible permettant d'incruster les séquences vidéos est l'utilisation de la technique du chromakey qui consiste à réaliser l'enregistrement avec un arrière plan bleu ou vert, et d'utiliser un logiciel de compositing et post-production (Blender, Cinelerra, Jahshaka les trois sont libres et gratuits) pour extraire le premier plan de l'arrière plan (Figure III.9).

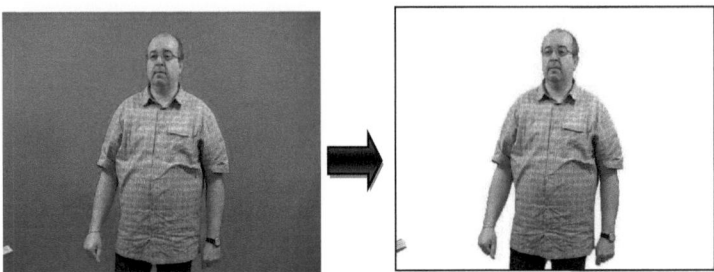

Figure III.9 Incrustation d'image par le chromakey.

Les séquences vidéo prétraitées sont par la suite stockées dans une base de données SQL qui va servir l'EV.

c. Modélisation 3D de l'environnement virtuel

Le but de cette dernière opération de la première étape de conception est la préparation des modèles 3D de l'EV à l'aide d'un modeleur 3D (Blender, 3D Dtudio Max, Maya), cela concerne le lieu d'exposition ainsi que les différents objets interactifs.

Figure III.10 Modèle 3D de l'EV.

d. Mise en œuvre

Cette deuxième étape concerne la mise en œuvre de l'ensemble de modèles et données. Nous avons choisi d'utiliser Virtools comme plateforme de conception de l'application de RV, auquel nous avons ajouté d'autres plugins à l'aide du SDK Virtools qui permettent de :

- Implémenter le SMA sous Virtools.
- Importer les documents de « configuration du scénario »
- Établir la connexion avec la base de données des enregistrements audio et vidéo.

L'annexe II.6 récapitule la démarche de conception et mise en œuvre de l'EV.

Notons que l'application finale permet d'enregistrer un historique détaillé sur le comportement du patient (déplacement, orientation, paroles), son BVP (Blood Volume Pulse), son état d'anxiété et les comportements des agents (actions activées). Cela offre la possibilité de revenir sur les moments intéressants d'interaction entre le patient et les agents, mais aussi d'analyser les comportements du patient et des agents.

III.7. Conclusion

L'idée de la présente thèse part d'un constat simple : les psychothérapeutes subissent une charge de travail importante durant la gestion des séances de THERV, une bonne partie de ce travail peut être automatisée notamment l'estimation de l'état du patient et la gestion de l'EV. Nous avons modélisé cette idée par une boucle de régulation du niveau d'anxiété du patient. La commande est assurée par un bloc d'induction d'anxiété et le retour par un bloc de mesure d'anxiété. Nous avons conçu un SMA coopératif permettant de remplir la fonction d'induction, ses agents sont les acteurs virtuels, son environnement est le patient lui-même, Le système multi-agents permet aussi de gérer l'histoire selon un scénario conçu au préalable par le psychothérapeute. Le développement du bloc de mesure fait l'objet d'un autre travail de thèse. Dans l'état actuel de travail, c'est au psychothérapeute de renseigner le système sur l'état d'anxiété du patient.

Une boîte à outils logicielle a été ainsi développée permettant au psychothérapeute de concrétiser une idée de thérapie d'exposition.

Notre approche ne peut être validée qu'à travers des études expérimentales. Pour cette raison, nous avons réalisé un ensemble d'expériences cliniques, elles feront l'objet du chapitre suivant, les résultats obtenus seront aussi discutés à la fin du chapitre.

CHAPITRE III
REGULATION D'ANXIETE

CHAPITRE IV
VALIDATION EXPERIMENTALE

IV.1. Contexte de l'application

Afin de valider notre approche nous avons mené trois études expérimentales qui trouvent des applications dans le cadre des thérapies cognitives et comportementales (TCC). Nous nous sommes intéressés à la phobie sociale qui est une pathologie dont les conditions anxiogènes peuvent être créées aisément par un inducteur basé sur la RV en utilisant des scènes de la vie courante et qui permet d'obtenir des réactions émotionnelles mesurables de la part des patients.

Une des méthodes en thérapie consiste à effectuer une reconstruction cognitive par l'exposition à des situations anxiogènes graduelles afin de les faire accepter par le patient.

La réalité virtuelle nous permet de créer ces situations et de favoriser les interactions entre les personnes. Chez un patient phobique, la conduite d'évitement est la solution la plus simple pour gérer ses difficultés sociales. Généralement, dans le contexte d'une thérapie par RV, les risques d'avoir des conduites d'évitement sont minimisés. En effet, le thérapeute peut facilement les reconnaître et aider le patient à revenir vers la situation anxiogène.

Le système proposé dans notre étude introduit des mécanismes permettant de surmonter le problème de l'évitement, d'une part, par détection automatique des conduites d'évitement et, d'autre part, par l'encouragement du patient par les acteurs virtuels pour affronter les situations anxiogènes.

Nous présentons dans ce chapitre trois travaux expérimentaux :

- Le premier est une étude préliminaire sur des personnes non phobiques. Elle porte principalement sur l'analyse du gestionnaire de l'histoire et des comportements des agents. ;
- La deuxième application est une étude d'un cas de phobie sociale (Moussaoui et al. 2010);
- La troisième est une étude non contrôlée sur un groupe de personnes phobiques.

Le protocole clinique associé ainsi que la réalisation de l'expérience ont été réalisés en collaboration avec une clinique de psychiatrie spécialisée dans les TCC.

IV.2. La phobie sociale

Ce n'est qu'en 1980 que les classifications psychiatriques ont distingué pour la première fois le concept de phobie sociale dans le DSM III (Spitzer 1981). La description de ce trouble a beaucoup évolué dans les nouvelles éditions des classifications internationales. Actuellement, la phobie sociale est classée comme un trouble mental anxieux dans le DSM IV (American Psychiatric Association 1994) ainsi que le CIM 10 (Classification internationale des Maladies).

Les causes de la phobie sociale n'ont pas encore été dévoilées, généralement, elle s'installe au cours de l'adolescence, mais, elle peut apparaître suite à une expérience négative. La prévalence de cette pathologie fait d'elle l'un des troubles mentaux les plus fréquents.

En effet, quelques travaux épidémiologiques récents rapportent que la phobie sociale affecte entre 2 et 4% de la population (André & Patrick Légeron 2003).

Du point de vue clinique, la phobie sociale est caractérisée par une peur persistante et irrationnelle de situations d'interaction sociale dans lesquelles le patient est exposé à l'attention et observation d'autrui. Il craint alors d'être jugé, évalué négativement, rejeté ou humilié. Le patient phobique social essaye tout d'abord de lutter et de se contrôler, mais cela ne va qu'aggraver la situation, alors, il ne lui reste qu'à éviter ces situations. L'effet des conduites d'évitement sur la vie sociale, affective ou professionnelle du patient peut être fatal, conduisant le patient à des complications inévitables (dépression, alcool, suicide).

Deux formes de phobie sociale sont connues : la phobie sociale spécifique et la phobie sociale généralisée.

La phobie sociale spécifique est limitée à quelques situations sociales comme prendre la parole en public, prendre un repas avec des personnes non familières.

On parle de phobie sociale généralisée lorsque la peur est associée avec presque toutes les situations de performance en public et d'interactions sociales.

On distingue deux formes thérapeutiques traditionnelles : les traitements médicamenteux (les benzodiazépines, les bêta-bloquants et les anti-dépresseurs) et les TCC.

Pour un patient phobique social, les situations phobogènes peuvent être :

- Être présenté à autrui.
- Rencontre avec des figures d'autorité.
- Téléphoner.
- Recevoir des invités chez soi.
- Être observé.
- Être taquiné.
- Écrire en public (ou réaliser des tâches sous le regard d'autrui).
- Parler devant un public.

Parmi les signes physiologiques associés à la phobie sociale on peut citer : l' anxiété intense, l'accélération du rythme cardiaque, le tremblement, le bégayement, le rougissement, la transpiration.

IV.3. Traitement par réalité virtuelle

Ces dernières années ont vu une focalisation particulière des chercheurs sur la prise en compte de l'aspect affectif et émotionnel dans le cadre des interactions homme-ordinateur. Parallèlement, l'utilisation de la RV comme outil thérapeutique a reçu une attention importante de la part de chercheurs issus de domaines de recherche différents. Les technologies de la RV permettent de placer le patient dans un monde virtuel dans lequel il est exposé à des stimuli visuels, auditifs ou autres qui répondent aux besoins de la thérapie visée.

CHAPITRE IV
VALIDATION EXPERIMENTALE

Cette technologie a été développée dans une variété d'applications pour des raisons thérapeutiques et psychothérapeutiques et en particulier pour la phobie sociale. Dans cette dernière application, les patients sont progressivement désensibilisés aux situations anxiogènes par une exposition virtuelle répétée, prolongée et complète (Evelyne Klinger et al. 2003).

Nous présentons sur le Tableau IV.1, une comparaison des principaux travaux de recherche sur la THERV qui portent sur la phobie sociale, pour chaque étude nous donnons les moyens et variables d'évaluation ainsi que la modalité d'exposition utilisée.

Tableau IV.1 Les principaux travaux sur la THERV de la phobie sociale.

Auteur(s)-Année	Moyens d'évaluation	Modalité
(M M North et al. 1998a)	ATPSQ (Attitude Towards Public Speaking) SUDS FQ (Fear Questionnaire) Le rythme cardiaque	Visiocasque
(Harris et al. 2002)	LSAS PRCS (Personal Report of Confidence as a Speaker) Le rythme cardiaque	Visiocasque
(Mel Slater et al. 2006b; Mel Slater et al. 1999)	PRCS (Personal Report of Confidence as a Speaker) SUDS Symptômes d'anxiété somatiques.	Visiocasque
(B. Herbelin et al. 2002a)	LSAS SUDS Le Pouls et la conductivité de la peau.	Visiocasque
(Grillon et al. 2006a)	Suivi de regard LSAS FQ (Fear Questionnaire) SISST (social interaction self-statement test) BDI	Visiocasque

CHAPITRE IV
VALIDATION EXPERIMENTALE

Auteur(s)-Année	Moyens d'évaluation	Modalité
(Anderson et al. 2003)	PRCS (Personal Report of Confidence as a Speaker) SSPS (The Self-Statements During Public Speaking) STAI(The State-Trait Anxiety Inventory) BDI CGI (The Clinical Global Improvement Scale) PQ (The Presence Questionnaire) IQ (The Immersion Questionnaire)	Visiocasque
(James et al. 2003)	SAD (Socially Affective Disorder)	CAVE
Pertaub(David-Paul Pertaub et al. 2002)	PRCS (Personal Report of Confidence as a Speaker) FNE (Fear of Negative Evaluation) SCL-90-R (Symptom Checklist-90-Revised) Le rythme cardiaque	Écran et visiocasque
(Evelyne Klinger 2006; Evelyne Klinger et al. 2004)	LSAS HAD (Zigmond and Snaith Hospital Anxiety Depression Scale) BDI-13 Rathus (Rathus Assertiveness Schedule) SISST (Social Interaction Self Statement Test) QSCA (Questionnaire on Social Contexts inducing Anxiety) SIS (Sheehan Incapacity Scale) CGI (Clinical Global Impressions)	Écran
(Cristina Botella et al. 2004)	Adaptation de l'ADIS-IV-L (Anxiety Disorders Interview Schedule Lifetime Version). FPSQ (Fear of Public Speaking Questionnaire). PSSEQ (Public Speaking Self-efficacy Questionnaire) TG (Target Behaviors). Impairment Questionnaire. Attitudes toward the self-help program measures. Exposure record sheet. SUDS.	Écran
(J. M. Lee et al. 2002)	Blood pressure Rythme cardiaque	Visiocasque

Nous trouvons peu de travaux de recherche sur l'application de la THERV à la phobie sociale généralisée. Nous remarquons que l'échelle de LSAS est la plus utilisée actuellement dans les travaux d'évaluation de la phobie sociale. La projection de l'EV sur un écran d'ordinateur a été utilisée par plusieurs études, il a été même prouvé que cette technique suffit pour stimuler les personnes phobiques et engendrer de l'anxiété chez eux (Evelyne Klinger 2006). Cela présente l'avantage d'être une solution pas chère par rapport aux autres modalités d'immersion, ce qui nous a incités à l'exploiter dans nos études.

IV.4. Présence

IV.4.1. Définition

L'un des facteurs importants participant à l'efficacité de la THERV est le degré avec lequel le patient se sent présent dans l'EV comme s'il était dans le monde réel (Gutierrez et al. 2008).

La présence est un concept multidimensionnel utilisé dans plusieurs travaux de recherches en RV (simulateur de vols, jeux vidéo, psychothérapie etc...) et à travers lesquels elle a connu différentes définitions. Dans (Benedikt 1991), les auteurs suggèrent que la présence est le degré avec lequel les sens d'un humain sont trompés par l'existence physique d'objets virtuels. En d'autres termes, la présence dépend exclusivement des sens, ce qui va à l'encontre du principe des expériences émotionnelles. En effet, la technique de THERV est une expérience à la fois cognitive et sensorielle.

D'autres définitions considèrent que la présence est la sensation d'être physiquement dans un endroit, la sensation comme si on était dans un autre endroit ou avoir l'influence sur un autre endroit (Witmer & Singer 1998). Cette définition inclut la relation d'interaction entre l'utilisateur et l'environnement, ce qui explique comment des réponses aux stimuli virtuels peuvent être obtenues. Une autre définition suggère que la présence est le niveau d'imperceptibilité de la virtualité de l'expérience de RV, en d'autres termes, la présence est l'expérimentation de stimuli virtuels comme étant des objets réels (K. M. Lee 2004).

Différents facteurs affectent le sens de présence, dans (Witmer & Singer 1998), les auteurs proposent quatre facteurs principaux : le facteur de contrôle, le facteur des entrées sensorielles, le facteur de distraction et le réalisme.

- Le facteur de contrôle exprime le niveau d'interaction de l'utilisateur dans l'EV et comment l'environnement y réagit.

- Le facteur des entrées sensorielles est relatif au degré avec lequel l'EV stimule les sens primaires, ce facteur traduit aussi la cohérence des stimulations sensorielles à travers les différents sens.
- Le facteur de distraction exprime la capacité que l'EV isole l'utilisateur de son environnement réel, il est lié aussi à l'attention donnée à l'EV par l'utilisateur.
- Le réalisme exprime le degré de connexion de l'utilisateur avec l'EV, cela est lié à la cohérence de l'EV avec la conceptualisation de l'environnement réel chez l'utilisateur.

(Regenbrecht et al. 1998) rapportent que la présence est une structure psychologique issue d'une interaction entre les expériences sensorielles et la mémoire, ce facteur est semblable au facteur d'entrées sensorielles de Witmer. De même, (Mantovani & Riva 1999) suggèrent que le sens de présence augmente quand l'utilisateur est exposé à des EV culturellement familiers.

(Schubert et al. 2001) proposent trois facteurs similaires à ceux qui ont été proposés par Witmer et Singer.

- Présence spatiale, c'est le degré de sensation d'être inclus dans l'EV.
- L'implication, elle est similaire au facteur de distraction chez Witmer, elle exprime le degré d'attention dédiée à l'EV.
- Réalisme, c'est le même facteur de réalisme chez Witmer.

D'après (K. M. Lee 2004), la présence est le résultat de l'authenticité et de la perception sensorielle. L'authenticité est liée aux cognitions antérieures permettant d'identifier les objets virtuels et de les utiliser convenablement. Les perceptions sensorielles se divisent en deux composantes : la manipulabilité physique et la qualité d'interaction. La manipulabilité physique exprime le degré d'interaction de l'utilisateur avec son EV et la réaction de celui-ci. Plus l'EV est mieux identifié et mieux manipulé de façon fluide, plus le sens de présence augmente (Price et al. 2006).

IV.4.2. Méthodes d'évaluation

Différentes définitions de la présence ont été introduites, similairement, il existe plusieurs approches pour sa mesure. On peut distinguer deux catégories d'approches de mesures de présence : mesures subjectives et mesures objectives. À leur tour, les mesures objectives se divisent en deux types : physiologiques, comportementales.

Les méthodes de mesure de présence les plus utilisées actuellement dans les travaux de recherche en RV sont basées sur des mesures subjectives à travers des auto-questionnaires.

CHAPITRE IV
VALIDATION EXPERIMENTALE

Slater et al. ont proposé le SUS (Slater-Usoh-Steed) (Mel Slater & Usoh 1994), un questionnaire qui a reçu beaucoup l'attention de la part des chercheurs en ce domaine (Usoh et al. 2000). Le SUS regroupe plusieurs questions divisées en trois thèmes correspondant à trois indicateurs de présence :

- Le sens subjectif du «being there ».
- Le degré avec lequel l'EV devient plus réel ou présent que la réalité actuelle.
- La localité, le degré avec lequel l'EV est considéré comme un endroit visité et non pas une suite d'images.

La version actuelle du questionnaire SUS consiste en six items.

Le questionnaire de présence (PQ) développé par (Witmer & Singer 1998) est basé sur la définition de présence énoncée en IV.4.1. Les auteurs proposent une mesure de présence qui cible les facteurs agissant sur l'implication et l'immersion, ces facteurs sont : le facteur de contrôle, les facteurs sensoriels, les facteurs de distraction et le réalisme. La version actuelle du questionnaire regroupe 19 items.

Afin de construire la première version de l'IPQ (iGroup Presence Questionnaire), (Schubert et al. 2001) ont regroupé 75 items à partir des questionnaires de présence publiés auparavant (Hendrix & Barfield 1996; Mel Slater & Usoh 1994; Witmer & Singer 1998) ainsi que d'autres nouveaux items ont été combinés dans un seul questionnaire. La version actuelle de l'IQP est composée de 14 items classés en trois sous-échelles plus un item qui n'appartient à aucune d'entre elles. Les trois sous-échelles concernent :

- la présence spatiale, c'est le sens d'être physiquement présent dans l'EV,
- l'implication, mesure l'attention dévouée à l'EV et l'implication expérimentée.
- le réalisme expérimenté, mesure l'expérience subjective du réalisme dans l'EV.

Les quatorze items de l'IPQ sont donnés dans l'annexe I.1.

D'autres questionnaires de présence sont disponibles dans la littérature, une description plus détaillée sur les questionnaires de présence peut être retrouvée dans (van Baren & IJsselsteijn 2004)

Il existe deux autres approches de mesures objectives de présence : la première s'appuie sur les mesures physiologiques comme le rythme cardiaque, conductance de la peau, EEG, EMG ...etc. la deuxième est basée sur des mesures comportementales comme la réaction aux stimuli virtuels, reflex, saisie d'une balle virtuelle, évitement d'un objet virtuel en mouvement.

IV.5. L'environnement virtuel expérimental

La plupart des études de recherche sur la THERV expérimentent des environnements virtuels dotés de contenus simplifiés, linéaires et faciles à gérer. Ils consistent généralement en une succession de plusieurs situations anxiogènes dont la transition de l'une à l'autre est gérée par le psychothérapeute. Les environnements virtuels les plus présents dans la littérature sont les amphithéâtres et les salles de réunion où le patient doit se présenter ou donner un discours face à une audience, mais on trouve aussi des appartements, des lieux publics, des magasins, des ascenseurs, des supermarchés, des métros...etc

L'environnement expérimental que nous avons développé est une banque virtuelle, la Figure IV.3 donne une vue sur son entrée principale et la Figure IV.2 donne aussi une vue en plan. Nous avons choisi une banque pour plusieurs raisons, elle nous offre la possibilité, d'un côté, de diversifier les situations anxiogènes, et d'un autre, de pouvoir créer des scénarios basés sur des interactions sociales, comme par exemple « parler avec des inconnus », « réaliser des tâches sous le regard d'autrui »... Le patient sera aussi motivé par l'objectif final qui est « de retirer de l'argent ».

Le scénario expérimental que nous avons choisi requiert trois agents virtuels (Figure IV.1):

- la secrétaire « Madeline » placée à l'accueil de la banque,
- un client « Simon » placé dans le hall d'entrée et
- l'agent de guichet « Guy ».

Deux variantes de la secrétaire   Deux variantes de l'agent de guichet   Le client

Figure IV.1 Les agents virtuels de la banque.

Pour chaque agent, différentes actions ont été filmées avec de vrais personnages. Un descriptif détaillé sur les actions est donné dans l'ANNEXE III.

Le patient utilise une souris comme outil de navigation, elle lui permet de se déplacer dans la banque. Le scénario que nous avons choisi pour les expérimentations se déroule à l'intérieur de la banque. Au début le patient est placé devant la porte d'entrée. Il peut regarder ce qui se passe dans la banque à travers la porte d'entrée semi-opaque. Lorsqu'il entre dans la banque, un panneau lumineux affiche « Veuillez-vous adresser à l'accueil ». À l'accueil, la secrétaire lui demande ce qu'elle peut faire pour lui, le patient répond, puis elle téléphone à l'agent de guichet pour lui demander son avis sur l'opération, ensuite elle demande au patient de passer au guichet n° 2 pour retirer de l'argent. Enfin, l'agent de guichet lui donne ses billets. Ce scénario correspond à la trame principale de l'histoire, si le patient ne la suit pas volontairement ou involontairement, les agents l'aident à la rejoindre.

Le scénario proposé ne paraît pas réaliste du fait que les situations que l'on présente dans la banque ne sont pas réalistes. En effet, aucune banque n'acceptera de donner de l'argent sans pièces d'identité ni numéro de compte. L'un des avantages de la RV c'est de proposer des mondes irréels ou imaginaires qui ne ressemblent pas forcément à notre réalité, en RV, on ne cherche pas toujours à reproduire la réalité en virtuel. Le scénario proposé, même s'il n'est pas réaliste, cela n'est pas fatal à la thérapie, au contraire, ça pourrait représenter un facteur attractif et motivant aux patients à expérimenter une nouvelle « Réalité ».

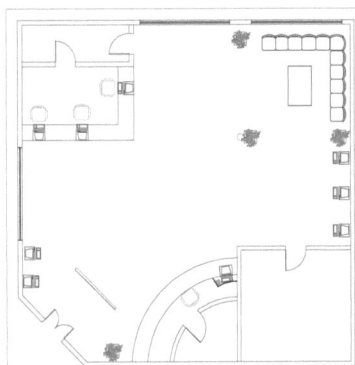

Figure IV.2 Vue en plan sur la banque.

Figure IV.3 L'entrée de la banque.

La banque est peuplée par d'autres personnages virtuels qui ne sont pas forcément impliqués dans le scénario, leur nombre, sexes et emplacements peuvent être configurées par le psychothérapeute.

IV.6. Dispositif expérimental

L'application clinique expérimentale est gérée par un psychothérapeute. Comme illustré sur la Figure IV.4, le patient est placé devant un écran d'ordinateur sur lequel est affiché l'EV. Le patient porte un capteur de BVP (Blood Volume Pulse) relié à l'ordinateur du psychothérapeute. Les deux ordinateurs sont interconnectés par une liaison LAN (Local Area Network). Le psychothérapeute rapporte l'état estimé du patient à travers le clavier, il décide de son état en se basant sur le rythme cardiaque mesuré et sa perception de l'état comportemental et physique du patient.

CHAPITRE IV
VALIDATION EXPERIMENTALE

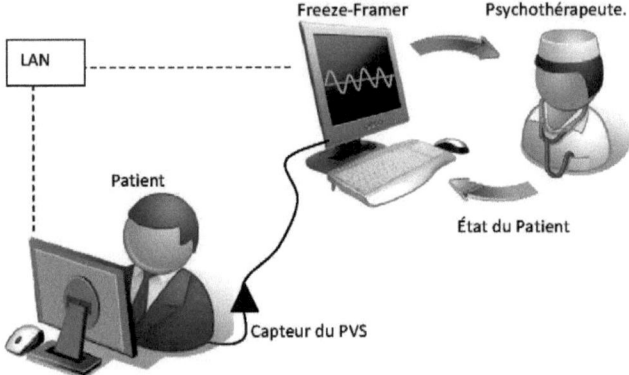

Figure IV.4 Le dispositif expérimental.

Le psychothérapeute ne s'occupe pas de la gestion du contenu de l'EV, celui-ci est géré de façon automatique selon les déplacements et état d'anxiété du patient.

IV.7. Étude préliminaire

Afin de tester notre approche de gestion du scénario, nous avons mené une étude préliminaire sur des patients non phobiques ce qui nous permet également de tester la boîte à outils informatique que nous avons développée avant de passer aux expériences sur des patients phobiques.

Des mesures subjectives du sens de présence ont été prélevées afin d'évaluer, d'un côté, la qualité d'interaction entre le patient et les agents virtuels et cela concerne aussi la cohérence du vécu du participant ainsi que la cohérence des comportements des agents, et d'un autre côté le réalisme de la banque virtuelle.

IV.7.1. Sujets

Cette étude concerne dix étudiants universitaires en graduations (bac plus 4 ou 5) âgées entre 22 et 26 ans dont cinq hommes et cinq femmes. Aucun patient n'a été diagnostiqué souffrant d'un trouble cognitif ou comportemental, ni sous traitement médical.

IV.7.2. Méthode et mesure

Cette étude n'a pas été menée par un psychothérapeute. Les participants ont été invités à retirer de l'argent de la banque sans pièce d'identité ni numéro de compte, ils avaient une liberté de navigation et décision dans la banque. Chaque patient expérimente une seule séance de 15 minutes.

Nous avons utilisé le questionnaire de présence de iGroup pour évaluer le sens de présence des participants, sa version actuelle est composée de trois sous-échelles plus un item du sens de présence générale qui n'appartient à aucune d'entre elles. Les trois sous-échelles sont :

- la présence spatiale : le sens d'être physiquement présent dans l'EV,
- l'implication : mesure l'attention dévouée à l'EV et l'implication expérimentée,
- le réalisme expérimenté : mesure l'expérience subjective du réalisme dans l'EV.

Après chaque séance d'exposition, les participants ont rempli le questionnaire de l'IPQ (Annexe I.1).

IV.7.3. Résultats et discussion

L'objectif de la présente étude est d'évaluer la cohérence et comportements des agents virtuels. Nous rappelons que le scénario expérimental est principalement guidé par les déplacements du participant, pour cela nous nous contentons de présenter les chemins parcourus par les participants ainsi qu'un descriptif abrégé des événements. Nous donnons aussi les résultats des mesures subjectives du sens de présence.

En ce qui concerne les chemins parcourus par les participants, nous présentons trois exemples pour montrer la diversification des vécus des participants.

a. Exemple N°01 :

La Figure IV.5 montre le chemin parcouru par le premier participant. D'après l'historique enregistré de la séance, la séance s'est déroulée comme suite :

- Le participant entre dans la banque.
- Il commence par visiter le hall d'accueil,
- Il revient à la secrétaire pour lui demander de retirer de l'argent.

- La secrétaire téléphone à l'agent de guichet pour lui demander la faisabilité de l'opération.
- L'agent de guichet accepte de lui donner ses billets.
- La secrétaire renvoie le participant au guichet.
- Le participant va au guichet.
- L'agent de guichet lui donne des billets d'argent.
- Le participant visite la salle d'attente.
- Il s'arrête devant un distributeur automatique de billets.
- Fin de la séance.

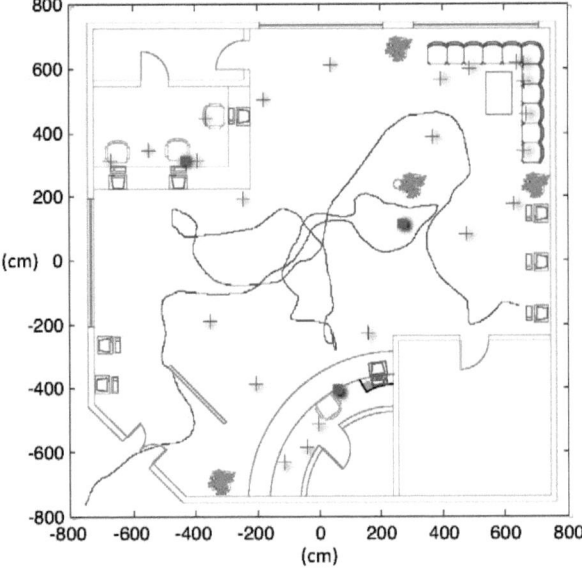

+ Billboard.
■ Agent virtuel.

Figure IV.5 Chemin du premier participant.

La Figure IV.5 montre aussi les positions des différents agents virtuels ainsi que ceux des clients et du personnel de la banque.

b. Exemple N°02 :

Les déplacements du deuxième participant sont donnés sur la Figure IV.6. L'historique enregistré de cette séance montre que :

- Le participant commence par entrer dans la banque.
- Il fait des va-et-vient dans le hall d'accueil.
- Il passe au guichet et demande de retirer de l'argent.
- L'agent de guichet lui demande de passer tout d'abord à l'accueil.
- Le participant s'approche de quelques billboards dans le hall et l'espace d'attente.
- Il scrute les distributeurs automatiques de billets.
- Il revient à la secrétaire pour lui demander de retirer de l'argent.
- La secrétaire téléphone à l'agent de guichet pour lui demander la faisabilité de l'opération.
- Elle renvoie le participant au guichet pour retirer les billets.
- Le participant passe au guichet, il prend ses billets.
- Il revient à la secrétaire, elle lui explique qu'il est déjà passé chez elle.
- Il revient une deuxième fois au guichet, l'agent de guichet lui explique qu'il a déjà pris ses billets.
- Il sort de la banque.
- Fin de la séance.

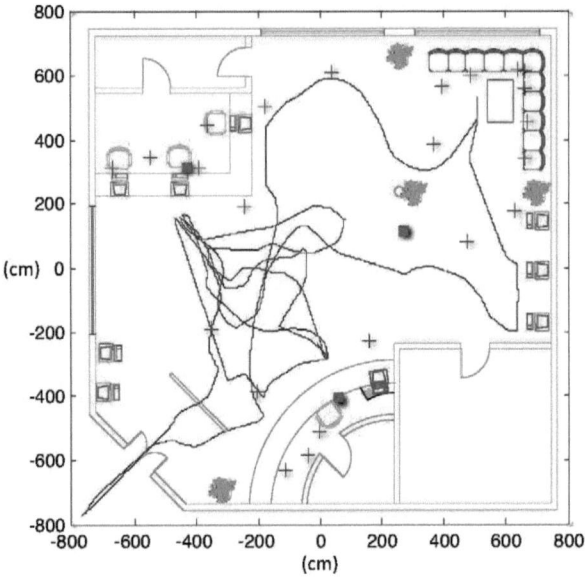

+ Billboard.
■ Agent virtuel.

Figure IV.6 Chemin du deuxième participant.

c. Exemple N°03 :

Le déroulement de ce dernier exemple est comme suite (Figure IV.7) :
- Le participant entre dans la banque.
- Il visite le hall d'accueil, l'espace d'attente, puis il scrute les distributeurs automatiques de billets.
- Il passe au guichet et demande de retirer de l'argent.
- L'agent de guichet lui demande de passer tout d'abord à l'accueil.
- Il va à la secrétaire pour lui demander de retirer de l'argent.
- La secrétaire téléphone à l'agent de guichet pour lui demander la faisabilité de l'opération.
- Elle renvoie le participant au guichet pour retirer les billets.
- Le participant passe au guichet, il prend ses billets.

- Il visite l'entourage du guichet.
- Il sort de la banque.
- Fin de la séance.

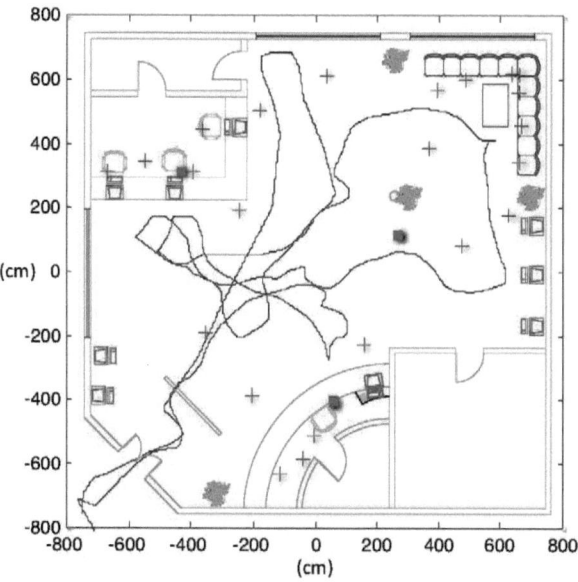

+ Billboard.
■ Agent virtuel.

Figure IV.7 Chemin du troisième participant.

Les résultats de ces trois exemples montrent que chacun des participants a vécu une expérience différente des autres. Les trois séances se sont déroulées autour du même scénario. Les dix participants sont arrivés à retirer de l'argent. Les agents virtuels ont bien assisté les participants pour qu'ils suivent le scénario prévu. Par exemple lorsque l'utilisateur va vers la secrétaire pour la deuxième fois, elle lui dit qu'il est déjà passé chez elle. Les participants ne se sont pas sentis guidés dans l'EV, au contraire, ils étaient libres de faire ce qu'ils veulent.

En ce qui concerne l'évaluation du sens de présence, le résultat du questionnaire de présence l'IPQ (Tableau IV.2) montre que les participants ont expérimenté des sensations assez semblables (valeurs des écarts types (σ) comprises entre 0.34 et 0.59).

Une valeur de 3.12 (σ=0.34) pour la présence spatiale n'est pas très significative, c'est une valeur moyenne qui veut dire que les participants ne se sont pas senti ni vraiment présents physiquement dans la banque, ni avoir l'impression que l'EV les entourait.

La valeur enregistrée de l'implication INV est de 3.275(σ=0.36) ce qui représente une valeur au-dessus de la moyenne. Cette variable mesure l'implication de l'utilisateur ainsi que l'attention prêtée à l'EV.

Nous rappelons que l'EV est projeté sur un simple écran d'ordinateur, une souris sert comme outil de navigation, ce qui pourrait expliquer les valeurs moyenne du SP et de l'INV et la valeur faible de la présence générale 0.9(σ=0.57).

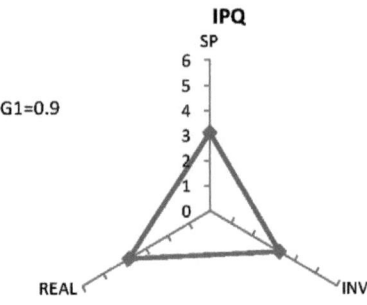

Figure IV.8 Résultats de l'IPQ.

Tableau IV.2 Moyenne et écart type de l'IPQ.

Variable	Moyenne	Écart Type
SP	3,12	0,34
INV	3,275	0,36
REAL	3.8	0,59
G1	0,9	0,57

Le réalisme REAL rapporté est de 3.8 (σ=0.59), cette valeur traduit un niveau assez bon de sensation du réalisme, en d'autre terme, les participants ont trouvé que leurs expériences dans la banque cohérentes avec leurs expériences dans le monde réel.

Ce résultat peut être expliqué par la précision et la qualité des modèles 3D de la banque, les maillages 3D, les textures, l'éclairage, l'ombrage, rendu...etc, mais aussi la bonne qualité de l'incrustation des séquences vidéo dans l'EV et la bonne synchronisation avec leurs voix.

IV.8. Étude d'un cas de phobie sociale

Les protocoles des études de cas individuels sont considérés comme un moyen simple et accessible pour faire avancer la recherche clinique, ils représentent une manière rapide d'éprouver une approche ou une hypothèse sans avoir besoin d'engager des études de groupe ou des études contrôlées qui sont généralement très coûteuses (Martine & Jean 2010).

La présente étude de cas représente la première expérimentation de notre approche en situation écologique, elle est menée sur un patient diagnostiqué, selon les cinq axes du DSM IV (American Psychiatric Association 1994), comme souffrant d'une phobie sociale sévère(Moussaoui et al. 2010).

IV.8.1. Sujet

Le patient est un homme célibataire de 24 ans qui se trouve, depuis 2 ans, en situation de chômage après avoir abandonné son premier travail dans lequel il était en contact permanent avec des personnes inconnues, ce qui occasionnait un stress et une peur quotidienne. Après une interview structurée et guidée par le thérapeute, le patient a été diagnostiqué phobique social selon les critères du DSM IV (American Psychiatric Association 1994). Le patient n'a jamais suivi un programme thérapeutique ou un traitement antérieur pour son trouble cognitif.

IV.8.2. Mesure

Afin d'évaluer l'efficacité de notre méthodologie clinique et de suivre l'évolution de l'état d'anxiété du patient durant la thérapie, nous avons rapporté, à différentes phases de la thérapie, les échelles et mesures suivantes :

a. L'échelle d'Anxiété Sociale de Liebowitz(LSAS)

L'échelle d'anxiété sociale de Liebowitz est l'auto-questionnaire le plus utilisé dans les études sur la phobie sociale. Elle a pour objectif d'évaluer la peur et l'évitement des situations de performance et des interactions sociales. C'est la version francophone de JP Lepine (Martine & Jean 2010) que nous utilisons, elle est organisée en 24 items dont 11 items

CHAPITRE IV
VALIDATION EXPERIMENTALE

d'interaction sociale (items : 5, 7, 10, 11, 12, 15, 18, 19, 22, 23, 24) et 13 items de situations de performance. D'après l'étude de validation de Heimberg et al. (Heimberg et al. 1999) qui a été menée sur 382 patients phobiques sociaux, l'échelle est normalisée comme suite :

- Phobie sociale modérée :   de 56 à 65.
- Phobie sociale marquée :   de 65 à 80.
- Phobie sociale sévère :   de 80 à 95.
- Phobie sociale très sévère   plus de 95.

Le questionnaire est rempli par un évaluateur, généralement un clinicien, qui cote les items selon les réponses du patient aux questions. La version française de ce questionnaire est donnée dans l'Annexe I.3.

b. L'inventaire abrégé de dépression de Beck (BDI-13)

La première version de l'inventaire abrégé de dépression de Beck est considérée comme étant l'auto-questionnaire le plus répandu pour l'évaluation de présence de symptômes dépressifs chez les adultes. Il permet d'avoir une estimation quantitative de l'intensité de la dépression. Le questionnaire doit être rempli par le patient lui-même. Les normes de cette échelle ont été données par Beck et Steer (Beck et al. 1988). Le seuil de 9 du score global est généralement utilisé pour évaluer la présence d'un état dépressif. D'après Beck et Steer (Beck et al. 1988) :

- État normal :   moins de 10.
- Dépression légère :   de 10 à 18.
- Dépression modérée :   de 19 à 29.
- Dépression sévère :   plus que 30.

Le BDI-II représente une révision de la première version pour qu'elle s'adapte mieux aux critères de diagnostic du DSM IV (American Psychiatric Association 1994), elle évalue la sévérité de la dépression. Les scores seuils sont comme suite :

- Pas de dépression :   de 0 à 11.
- Dépression légère :   de 12 à 19.
- Dépression modérée :   de 20 à 27.
- Dépression sévère :   plus que 27.

Nous utilisons le BDI-13 principalement pour écarter de notre étude les participants présentant des symptômes dépressifs même légers.

c. Le Questionnaire de Présence de iGROUP (IPQ)

L'IPQ est une échelle de mesure du sens de présence expérimenté dans les EVs. Sa version actuelle est composée de trois sous-échelles plus un item du sens de présence générale qui n'appartient à aucune d'entre elles (Voir IV.7.2). Ce questionnaire n'est reporté qu'une seule fois au milieu de la thérapie.

d. L'Échelle Subjective d'inconfort (SUDS 0-100)

L'Échelle Subjective d'inconfort (SUDS) est utilisée par les patients pour rapporter le degré d'anxiété ressenti durant l'exposition, elle est graduée de 0 à 10 (ou 100) : 0 correspond au calme complet et 10 (ou 100) correspond à la panique complète. C'est un moyen simple mais efficace qui permet aux cliniciens de connaître l'anxiété de leurs patients. Il est rapporté soit de façon périodique soit à des moments précis de l'exposition selon l'application, par exemple toutes les cinq minutes ou devant chaque situation anxiogène.

e. Le rythme cardiaque (RC)

Le rythme cardiaque a été largement utilisé dans les études de recherche en reconnaissance des émotions et de l'anxiété mais aussi en THERV (M M North et al. 1998a; Harris et al. 2002; B. Herbelin et al. 2002a; J. M. Lee et al. 2002; Mel Slater et al. 2006a). Concernant notre étude, nous prélevons des mesures du BVP (Blood Volume Pulse) qui est considéré comme moyen non-invasif et sûr pour mesurer le rythme cardiaque. Le calcul de la fréquence cardiaque est réalisé par détection des maximas du signal BVP.

IV.8.3. Méthode

Le protocole clinique, dirigé par un psychothérapeute, est programmé en deux phases :

La première phase comporte une seule séance de 45 minutes durant laquelle le patient découvre le programme thérapeutique qu'il va suivre, il expérimente aussi un EV sans personnages virtuels dont le but est de le familiariser avec le dispositif expérimental. Le patient rempli les auto-questionnaires donnés ci-dessus.

La deuxième phase est organisée en huit séances hebdomadaires de 30 à 45 minutes chacune. Le patient expérimente durant chaque séance l'EV de la banque qui est projeté sur un écran large. Il utilise une souris pour se déplacer. Le psychothérapeute lui explique qu'il doit entrer dans une banque pour récupérer de l'argent et qu'il est libre de naviguer dans l'EV.

Au début de la séance le patient est placé devant l'entrée de la banque, à chaque séance il expérimente un vécu différent qui dépend de son état d'anxiété et de ses choix pendant son déplacement.

Le psychothérapeute surveille l'état du patient à partir de son état physique et son rythme cardiaque. Des mesures du SUDS sont aussi rapportées durant les séances dans des moments choisis par le psychothérapeute, Le psychothérapeute rapporte son estimation du niveau d'anxiété du patient au système de gestion automatique des séances par l'intermédiaire du clavier.

Entre deux séances, il est demandé au patient de pratiquer certains nombres de situations en réalité (par exemple aller au bureau de poste). Afin d'évaluer la thérapie, le patient rempli les auto-questionnaires donnés précédemment au début de la cinquième séance et à la fin de la huitième. Un suivi post traitement est aussi prévu pour évaluer le maintien de la thérapie, ainsi, les patients remplissent les auto-questionnaires tous les trois mois et cela pendant un an.

IV.8.4. Résultats et discussion

a. Analyse des auto-questionnaires

Les résultats collectés au cours de cette étude de cas regroupent les auto-questionnaires, le BVP et un historique détaillé des différentes séances expérimentées par le patient qui est entièrement défini par ses choix et ses déplacements dans l'EV.

Dans le but d'évaluer l'évolution de la thérapie, les mesures ont été prises en trois temps : prétraitement, mi-traitement et post-traitement. Nous allons aussi présenter l'enregistrement de certaines mesures (SUDS et RC) prises durant la thérapie pour montrer les réactions et comportements du patient face à certaines situations.

À partir de l'analyse des différents résultats, nous avons remarqué une amélioration significative de l'état du patient et une diminution importante de son comportement d'évitement.

Le score du questionnaire des peurs est passé de 36 avant la thérapie à 28 après 4 séances. Le score enregistré à la fin de la thérapie atteint 17 soit une diminution de 19.

L'échelle de Liebowitz a enregistré une amélioration importante, son score a chuté de 130 (anxiété=69 et évitement=61) avant la thérapie à 104 (anxiété=56 et évitement =48) en mi-traitement puis à 59 (anxiété=34 et évitement=25) à la fin, soit un écart de 71.

CHAPITRE IV
VALIDATION EXPERIMENTALE

Les scores montrent que le patient souffrait initialement d'une phobie sociale sévère et s'est améliorée en phobie sociale modérée à la fin de la thérapie.

L'inventaire de dépression de Beck à 13 items (BDI-13) est passé de 8 avant traitement à 7 après quatre séances, puis il a chuté à quatre à la fin. Ces résultats montrent que le patient ne présentait pas de symptômes dépressifs ni avant ni après la thérapie, néanmoins il a connu une diminution remarquable.

Pour montrer l'évolution de la thérapie, nous présentons les moyennes des scores SUDS rapportés durant les huit séances de thérapie.

Ces résultats ont été rapportés pendant le déroulement des séances, le psychothérapeute demandait au patient d'indiquer son état d'anxiété (sur une échelle de 0 à100) avant et après les situations anxiogènes. Le graphe des moyennes du SUDS par séance montre une amélioration considérable de l'anxiété subjective du patient.

Finalement, la Figure IV.13 présente la moyenne des scores de l'IPQ rapportées. Le profil de présence de l'application est exprimé en quatre composantes : la présence spatiale SP=5.2, l'implication INV=3.75, le réalisme expérimenté REAL=4.75 et la présence générale G1=3.

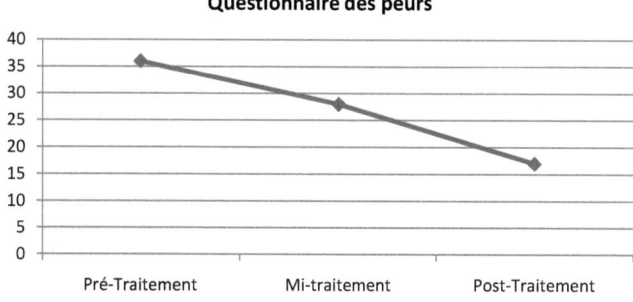

Figure IV.9 Graphe des résultats du questionnaire des peurs

CHAPITRE IV
VALIDATION EXPERIMENTALE

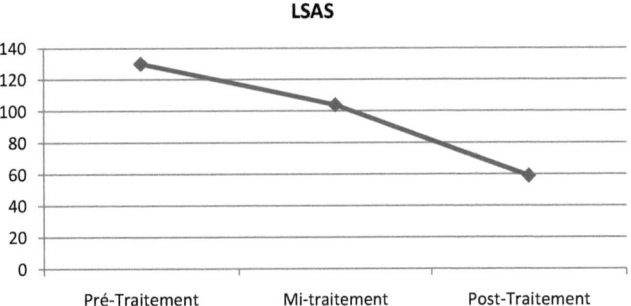

Figure IV.10 Graphe des résultats de l'échelle de Liebowitz.

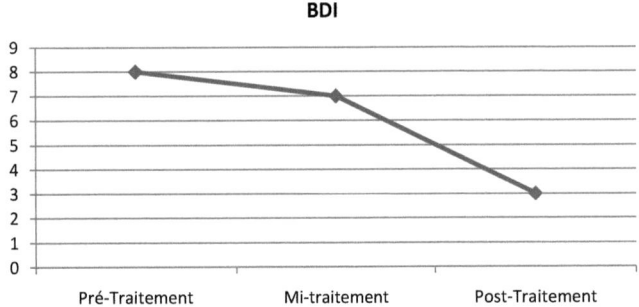

Figure IV.11 Graphe des résultats du BDI

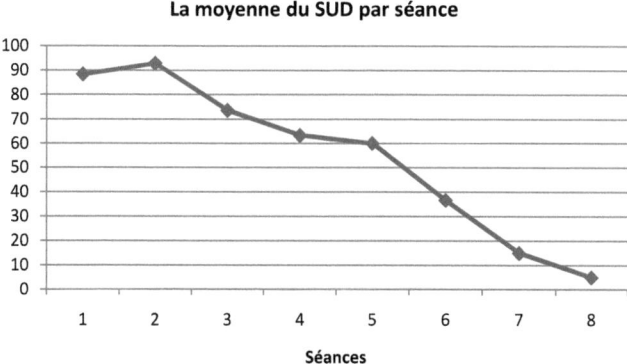

Figure IV.12 Graphe des moyennes du SUDS.

Ces résultats montrent que notre application est arrivée à immerger le patient dans l'EV, cela n'est pas dû uniquement au réalisme de l'éclairage, des objets et des avatars virtuels (ce qui explique les valeurs du REAL et SP) mais aussi à certains paramètres comme :

- L'interactivité des agents virtuels.
- La liberté de navigation et de décision du patient sans l'intervention du psychothérapeute.
- La cohérence des comportements des agents virtuels.
- La représentation graphique des agents virtuels par des séquences vidéo préenregistrées avec des personnages réels.

Ces mêmes raisons peuvent expliquer la bonne valeur de l'INV.

CHAPITRE IV
VALIDATION EXPERIMENTALE

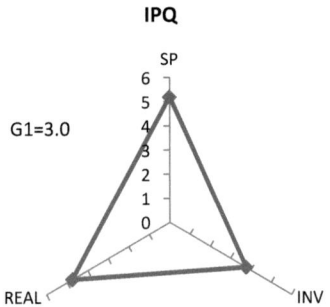

Figure IV.13 Graphe radar de la moyenne de l'IPQ

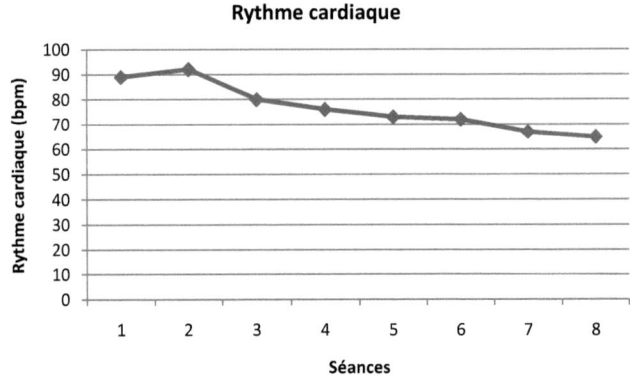

Figure IV.14 Graphe des moyennes du BVP

b. Rythme cardiaque (RC)

Le BVP (Blood Volume Pulse) du patient a été enregistré durant toutes les séances. L'évolution des moyennes du RC par séance a enregistré une diminution d'environ 24 bpm (Battements par minute), de 89 en première séance à 65 enregistré en dernière séance.

Le graphe de la Figure IV.14 atteste de la diminution de l'état d'anxiété du patient et confirme ce qui a été montré par les moyennes du SUDS (Figure IV.12). Nous remarquons aussi la forte corrélation entre le graphe des moyennes du SUDS et les moyennes du RC par séance, ce qui indique que le RC pourrait être utilisé pour évaluer ce type de thérapie.

Dans le but de montrer l'efficacité des stimuli d'agents, nous donnons l'évolution du rythme cardiaque pendant quelques situations d'interaction.

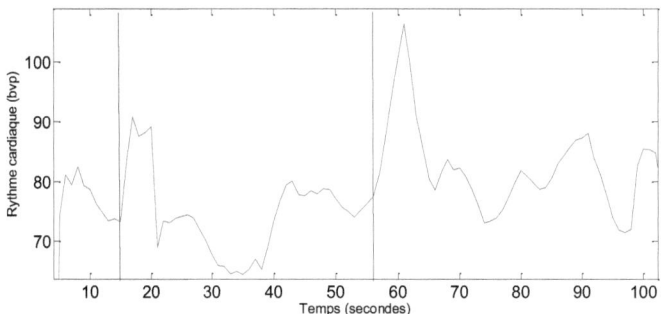

Figure IV.15 Réponse cardiaque à un stimulus.

Le premier exemple (Figure IV.15) montre la réaction du patient devant la secrétaire. Cet exemple est un extrait des enregistrements de la cinquième séance. À l'instant t=15 s, le patient commence à marcher vers la secrétaire, il arrive à t=43s, puis il s'approche d'elle doucement, à t=56s elle commence à lui parler, elle active un stimulus neutre, malgré cela le patient réagit négativement, par conséquent son RC augmente et atteint 107 bpm. La forte corrélation entre le RC et le SUDS indiquent que le RC pourrait être utilisé comme moyen de mesure en temps réel de l'anxiété.

IV.9. Étude de groupe

Cette troisième étude est une généralisation de la précédente sur un groupe de trois participants. Nous avons conservé la même démarche clinique. Le but recherché ici est de confirmer les résultats obtenus par l'étude de cas.

Les trois participants ont été recrutés au niveau de la clinique de psychiatrie de Tlemcen (Algérie). Ils sont deux hommes et une femme, nous les noterons par R, S et F respectivement.

Le participant R a 31 ans est célibataire, il a un niveau de formation scolaire primaire et exerce des activités artisanales.

Le participant S est également célibataire, il a 24 ans, un niveau de formation scolaire primaire et est actuellement sans emploi.

La participante F a 23 ans, elle est étudiante célibataire et a un niveau d'étude universitaire.

Nous gardons les mêmes variables d'évaluations et le même protocole clinique que nous avons utilisé dans l'étude de cas.

IV.9.1. Résultats

Nous présentons les valeurs moyennes des variables d'évaluation calculées sur les trois participants.

a. Analyse des auto-questionnaires

En ce qui concerne les résultats de l'échelle d'anxiété de Liebowitz, un score de 130.66(σ=7.02) a été enregistré au début de la thérapie, de 105.33(σ=10.06) en milieu du traitement et de 66.33(σ=15.37) en fin de thérapie. Voir Figure IV.16.

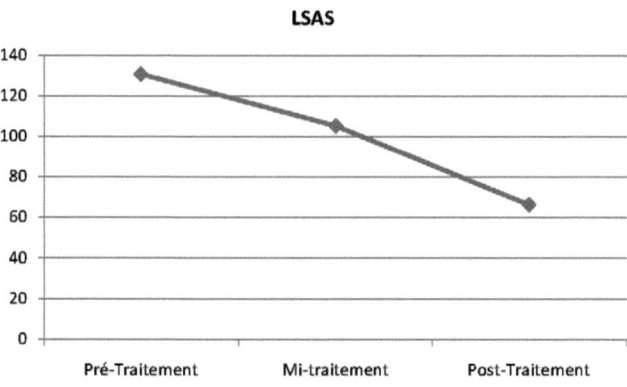

Figure IV.16 Résultats de LSAS.

Les résultats du questionnaire des peurs sont illustrés sur la Figure IV.17. La moyenne sur les trois participants qui a été enregistrée avant la thérapie est de 37.66(σ=2.08), une valeur de 31(σ=3.6) en milieu de la thérapie et 20.33(σ=4.16) en fin de thérapie.

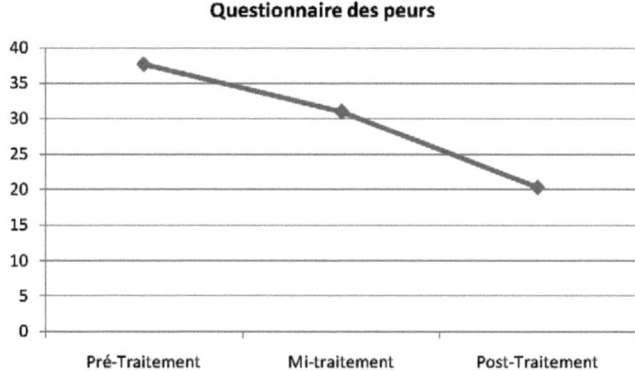

Figure IV.17 Résultats du questionnaire des peurs.

En ce qui concerne l'inventaire abrégé de dépression de Beck (Figure IV.18), les valeurs moyennes qui ont été enregistrées sur les participants valent : 8.66(σ=1.15) au début de la thérapie, 7.66(σ=1.1) au milieu de la thérapie et 4(σ=1.0) en fin de thérapie.

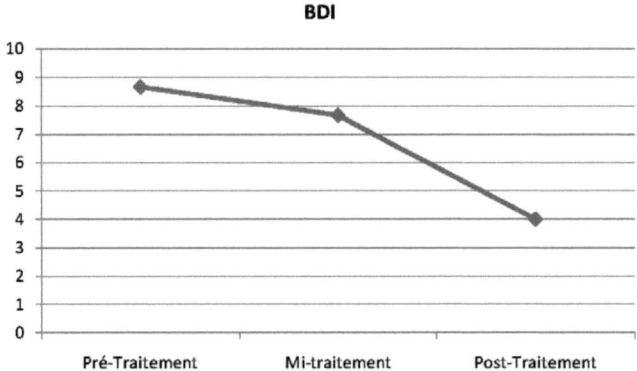

Figure IV.18 Résultats du BDI-13

L'échelle subjective d'inconfort (SUDS) a été rapportée chaque séance. Sur le graphe de la Figure IV.19, nous représentons l'évolution de la valeur moyenne calculée sur les trois participants des moyennes du SUDS enregistrées par séance. Cette mesure subjective est passée de 90.55(σ=3.84) au début du traitement à 10.0(σ=4.4) en fin de traitement.

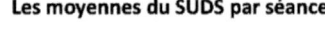
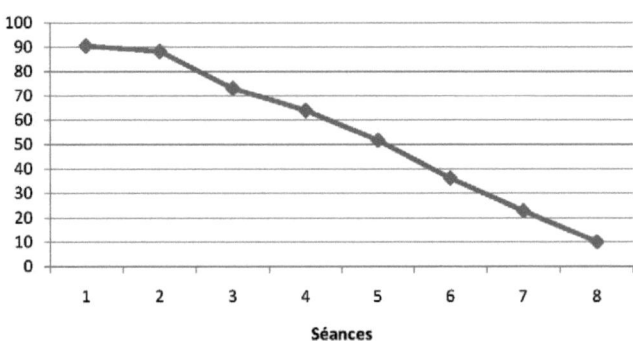

Figure IV.19 Résultats des moyennes du SUDS par séance.

Le graphe de la figure suivante (Figure IV.20) montre l'évolution de la valeur moyenne calculée sur les trois participants des moyennes du rythme cardiaque enregistrées par séance, la valeur enregistrée vaut 94.0(σ=4.58) en début du traitement et 70.0(σ=4.35) en fin de traitement.

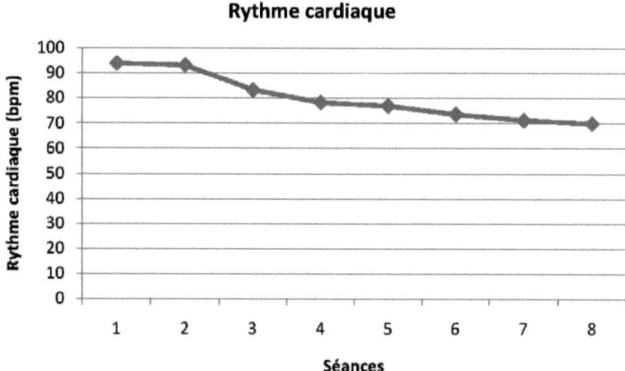

Figure IV.20 Résultats du Rythme cardiaque.

La valeur moyenne des scores de l'IPQ des trois participants est donnée sur le graphe suivant. La variable de présence spatiale SP = 4.8(σ=0.52), le réalisme REAL=4.5(σ=0.43) et l'implication INV=4.33(σ=1.23). La moyenne du la présence générale rapportée G1=2.33(σ=0.57).

CHAPITRE IV
VALIDATION EXPERIMENTALE

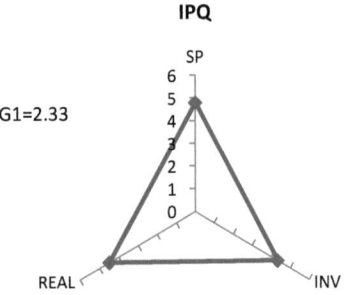

Figure IV.21 Résultats du questionnaire IPQ.

b. Rythme cardiaque

Les graphes de la Figure IV.22 à la Figure IV.34 montrent des extraits du rythme cardiaque enregistré sur les participants durant les séances de thérapie. Durant toutes les séances, un historique détaillé des comportements des participants et des agents virtuels a été enregistré, ce qui nous permet, en le calquant avec les mesures du RC, de revenir sur les moments d'interaction et d'interpréter les réactions des participants..

Participant : F.   Séance : 2

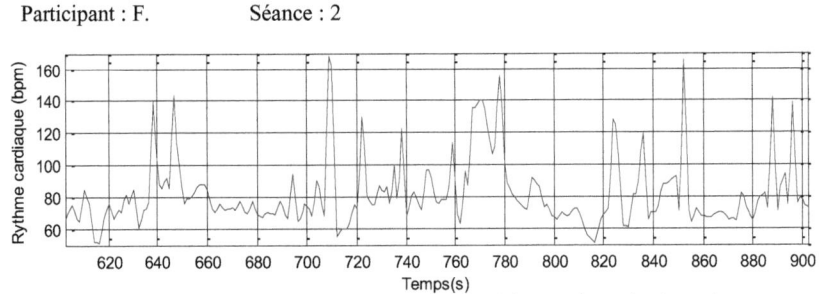

Figure IV.22 Extrait du rythme cardiaque du participant F durant la séance 2.

CHAPITRE IV
VALIDATION EXPERIMENTALE

Participant : F.   Séance : 4

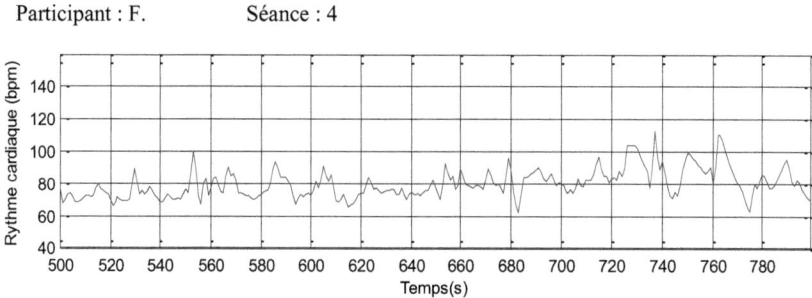

Figure IV.23 Extrait du rythme cardiaque du participant F durant la séance 4.

Participant : F.   Séance : 6

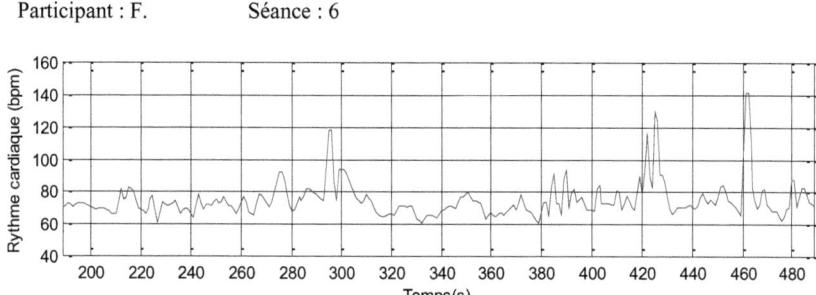

Figure IV.24 Extrait du rythme cardiaque du participant F durant la séance 6.

Participant : F.   Séance : 7

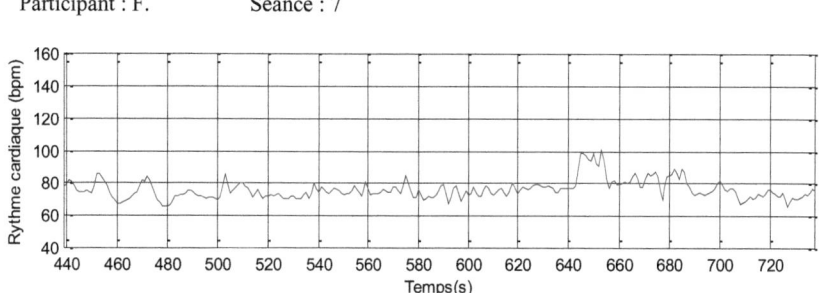

Figure IV.25 Extrait du rythme cardiaque du participant F durant la séance 7.

Participant : R.   Séance : 1

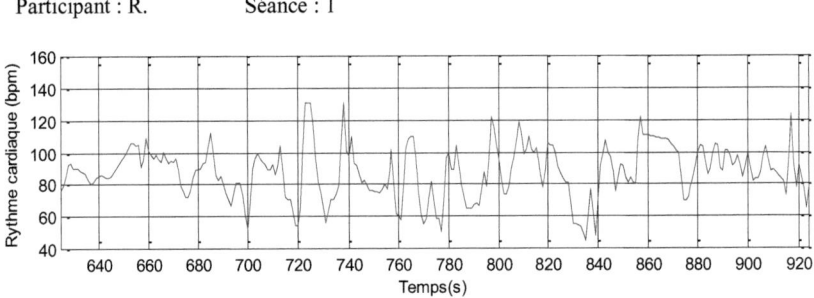

Figure IV.26 Extrait du rythme cardiaque du participant R durant la séance 1.

Participant : R.   Séance : 4

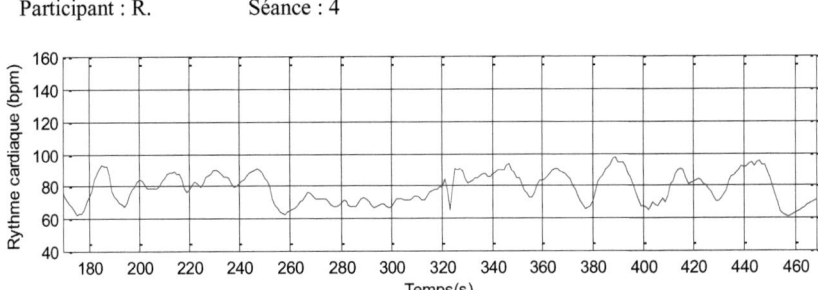

Figure IV.27 Extrait du rythme cardiaque du participant R durant la séance 4.

Participant : R.   Séance : 5

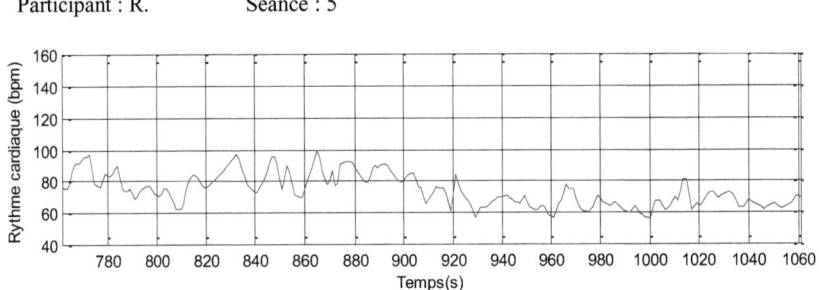

Figure IV.28 Extrait du rythme cardiaque du participant R durant la séance 5.

CHAPITRE IV
VALIDATION EXPERIMENTALE

Participant : R.   Séance : 6

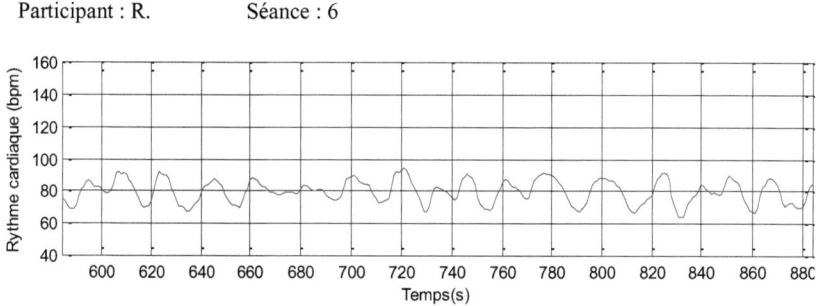

Figure IV.29 Extrait du rythme cardiaque du participant R durant la séance 6.

Participant : R.   Séance : 7

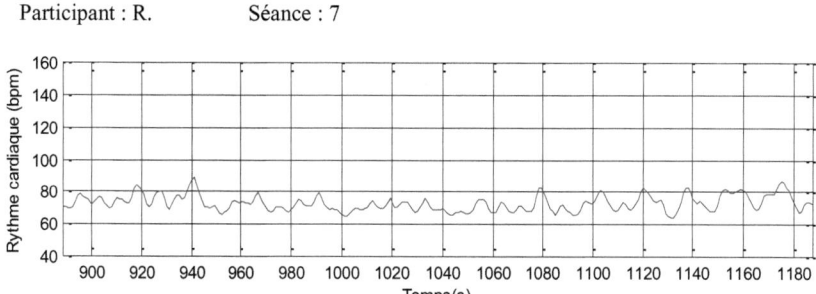

Figure IV.30 Extrait du rythme cardiaque du participant R durant la séance 7.

Participant : S.   Séance : 2

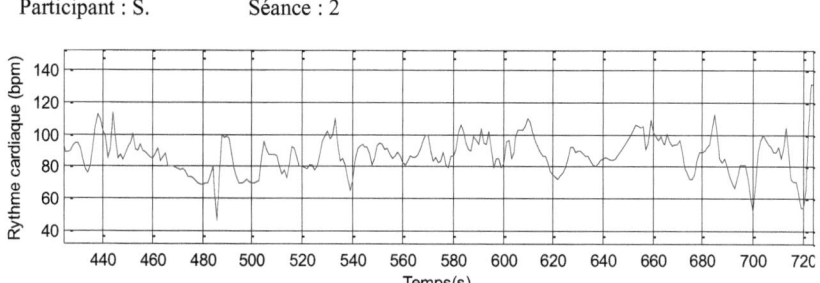

Figure IV.31 Extrait du rythme cardiaque du participant S durant la séance 2.

CHAPITRE IV
VALIDATION EXPERIMENTALE

Participant : S.   Séance : 3

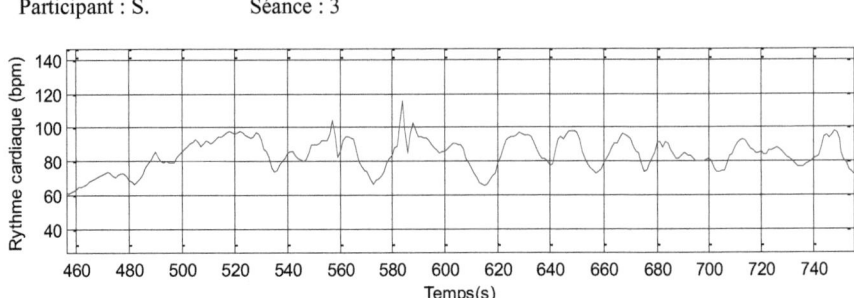

Figure IV.32 Extrait du rythme cardiaque du participant S durant la séance 3.

Participant : S.   Séance : 4

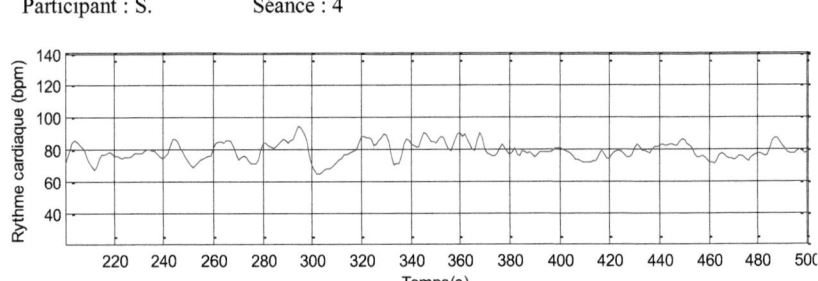

Figure IV.33 Extrait du rythme cardiaque du participant S durant la séance 4.

Participant : S.   Séance : 7

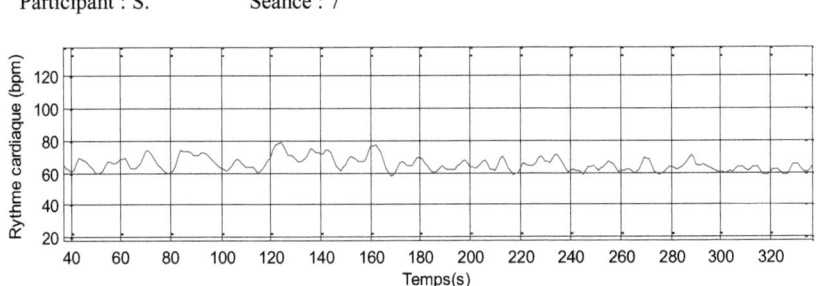

Figure IV.34 Extrait du rythme cardiaque du participant S durant la séance 7.

IV.10. Conclusion et discussion

Nous avons présenté dans ce chapitre trois études expérimentales qui ont été réalisées dans le cadre de notre thèse, ils ont comme objectif la validation de notre approche de gestion des séances de thérapie par la RV.

La première étude préliminaire est menée sur des personnes non phobiques. Elle vise principalement à analyser l'approche de la gestion du scénario et de tester la boîte à outils informatique que nous avons développée. Cette étape nous paraissait nécessaire avant de passer aux expériences sur des patients phobiques.

La deuxième est une étude d'un cas individuel de phobie sociale, elle représente une manière rapide et peu coûteuse permettant d'évaluer notre approche et d'avoir rapidement un retour qualitatif auprès des psychothérapeutes.

La troisième est une étude non contrôlée sur un groupe de trois personnes phobiques, c'est, en fait, une généralisation de l'étude précédente sur un groupe de trois participants. Le but visé ici est de confirmer les résultats obtenus par l'étude de cas.

Les résultats de la première étude montrent que les dix participants sont arrivés à retirer de l'argent de la banque sans l'aide du psychothérapeute, cela a été validé même dans les cas où les participants se trompaient de démarche. D'après les résultats obtenus, l'état des participants phobiques de la deuxième et la troisième étude a connu une amélioration significative, ils sont passés d'une phobie sociale sévère à une phobie sociale modérée. Une diminution remarquable sur le comportement d'évitement a été aussi enregistrée d'après l'échelle de Liebowitz. Notre expérience de RV est arrivée à immerger les participants et les impliquer dans des interactions sociales avec les agents virtuels.

Ces résultats ne sont pas dû uniquement au réalisme de l'éclairage, des objets et des avatars virtuels mais aussi à certains paramètres comme : l'interactivité des agents virtuels, la liberté de navigation et de décision du patient sans l'intervention du psychothérapeute, la cohérence des comportements des agents virtuels et la représentation graphique des agents virtuels par des séquences vidéos préenregistrées avec des personnages réels. En effet, d'après Foa (Foa & Kozak 1986), la réussite d'une psychothérapie est fortement liée à la stimulation émotionnelle manifestée par le patient qui joue un rôle essentiel dans la sensation de présence et d'immersion. La réalité virtuelle présente l'avantage de diversifier les situations d'exposition tout en engendrant un fort sentiment de présence chez le patient (Max M North, Sarah M North, E. D et al. 1997; Max M North, Sarah M North & Joseph R Coble 1997).

Il a été aussi démontré que les personnes phobiques répondent de la même façon que ce soit dans un monde réel ou virtuel. Il y en a même qui sont allés plus loin en montrant que même les personnes non phobiques réagissent bien aux stimuli anxiogènes dans des applications de RV. Par exemple, (Robillard et al. 2003) et (Renaud et al. 2002) ont rapporté une augmentation de l'anxiété chez des participants sains lors d'une immersion virtuelle dans des environnements phobogènes. Dans (Mel Slater et al. 2006b), les auteurs ont comparé les réactions de personnes phobiques et non phobiques qui devaient donner un discours devant une audience. L'expérience a enregistré un niveau d'anxiété chez les participants non phobiques, évidement, moins significatif que celui qui a été enregistré sur les participants phobiques. Ces résultats ont été confirmés par d'autres études (B. Herbelin et al. 2002a; Moore et al. 2002; Dong P Jang et al. 2002; B.K. Wiederhold et al. 2002).

Pour nos études, nous avons remarqué que les participants dans l'étude préliminaire ont montré une sensation de présence moyenne : **SP**=3.12(σ=0.34), **INV**=3.275(σ=0.36), **REAL**=3.8(σ=0.59) et **G1**=0.9(σ=0.57).

Comparés aux résultats de l'IPQ de l'étude de cas : SP=5.2, INV=3.75, REAL=4.75 et G1=3 ainsi que les résultats de l'étude de groupe : SP = 4.8(σ=0.52), REAL=4.5(σ=0.43), INV=4.33(σ=1.23) et G1=2.33(σ=0.57) nous constatons que les participants phobiques se sont sentis plus présents que les participants non phobiques.

Tableau IV.3 Comparaison de l'IPQ des trois études.

Questionnaire de présence IPQ			
Variable	Étude préliminaire	Étude de cas	Étude de groupe
SP	3.12(σ=0.34)	5.2	4.8(σ=0.52)
INV	3.275(σ=0.36)	3.75	4.33(σ=1.23)
REAL	3.8(σ=0.59)	4.75	4.5(σ=0.43)
G1	0.9(σ=0.57)	3.0	2.33(σ=0.57)

Cela vient, en fait, confirmer l'hypothèse qui suggère que l'anxiété est fortement corrélée avec la sensation de présence. Par exemple (Bouchard et al. 2008) a mené une étude sur 31 patients ophiophobiques qui ont été immergés dans un EV anxiogène dans lequel la stimulation était contrôlée (grouillement de serpents cachés). Alors, le sens de présence dans les situations avec un haut niveau de stimulation d'anxiété était plus élevé que celui des situations sans stimulation. Dans une autre étude menée par (Michaud et al. 2004), 33

CHAPITRE IV
VALIDATION EXPERIMENTALE

acrophobes qui ont été immergés dans un EV dans lequel la sensation de présence était manipulée. Les résultats de cette étude montrent que dans le cas des immersions à haut niveau de présence, l'anxiété manifestée par les participants était significativement plus élevée que celle enregistrée dans le cas d'une immersion à faible niveau de présence.

À partir des résultats du Tableau IV.3, on peut conclure que les participants phobiques ont eu une bonne sensation de présence générale et physique dans la banque par rapport aux participants non phobiques. En ce qui concerne l'implication, elle est plus significative chez les participants phobiques mais aussi assez élevée chez les participants non phobiques, ce qui pourrait refléter la bonne qualité des interactions, surtout au niveau social, entre les participants et les agents virtuels.

Quant au réalisme de la banque virtuelle, il a été bien apprécié par les participants non phobiques (Tableau IV.3) mais significativement mieux jugé par les participants phobiques. Cela vient du fait que la qualité graphique de la banque a été soigneusement travaillée, cela concerne le rendu graphique, textures, matériaux, ombrages, précision des millages 3D ...etc.

Par ailleurs, l'étude de cas et l'étude de groupe ont connu une amélioration très significative de l'état des participants, ces derniers sont passés d'une phobie sociale sévère enregistrée avant la thérapie à une phobie sociale modérée en fin de thérapie.

Nous notons aussi que nous avons eu un retour qualitatif sur l'état des participants après la thérapie, par exemple le participant de l'étude de cas a pu rejoindre son travail, mais un retour quantitatif est nécessaire pour l'évaluation du maintien de la thérapie. Pour cela un suivi post traitement est programmé au niveau de la clinique de psychiatrie, les participants doivent remplir les auto-questionnaires (QP, LSAS, BDI) tous les trois mois pendant un an.

En ce qui concerne le rythme cardiaque, nous avons remarqué qu'il est fortement corrélé avec la mesure subjective de l'anxiété SUDS ce qui nous permet à dire que le rythme cardiaque est un bon indicateur de l'état d'anxiété. Cette hypothèse n'est pas nouvelle, mais notre travail vient la renforcer. Par exemple (Harris et al. 2002), (P M Emmelkamp et al. 2001) (Moore et al. 2002) ont utilisé le rythme cardiaque pour évaluer des THERV. (M M North et al. 1998b) ont remarqué que les patients phobiques ont manifesté différentes activités physiques et émotionnelles pendant une THERV comme par exemple l'accélération de la fréquence cardiaque, mains moites, vertige. (Stoermer et al. 2000) ont conclu que la variabilité du rythme cardiaque représente un outil accessible et puissant pour gérer l'anxiété. De même, (Dong P Jang et al. 2002; B. Herbelin et al. 2002b) (Mel Slater et al. 2006b) ont attesté de l'efficacité de l'utilisation du rythme cardiaque pour mesurer l'anxiété.

CHAPITRE IV
VALIDATION EXPERIMENTALE

Concernant nos études, en comparant les extraits du rythme cardiaque enregistrés sur les participants entre le début et la fin de la thérapie, nous remarquons une importante diminution de sa variabilité, par exemple pour le participant F entre la Figure IV.22 et la Figure IV.25 ; pour le participant R entre la Figure IV.26et la Figure IV.30 et pour le participant S entre la Figure IV.31 et la Figure IV.34.

Nous avons aussi remarqué une variation plus lente du rythme cardiaque pendant les discussions entre le psychothérapeute et les participants, par exemple avec le participant R sur la Figure IV.29 et la Figure IV.27.

Pour le participant F, nous remarquons une augmentation du rythme cardiaque et l'amplitude des pics entre la séance 4 et 6 du participant F de la Figure IV.23 et la Figure IV.24. En effet, durant la séance 4, l'état du patient rapporté par le psychothérapeute est Anxieux-Stable, cela veut dire que les agents réagissent d'une façon neutre avec le participant. Par contre, durant la séance 6, le psychothérapeute estime que le patient est dans l'état Rassuré-Stable, ce qui va changer le comportement des agents virtuels pour qu'ils deviennent Anxiogène, cela explique, par exemple, les pics de la Figure IV.24 enregistrés entre les instants 410 et 490.

Durant quelques séances, nous avons remarqué une diminution remarquable du rythme cardiaque malgré le maintien du niveau de stimulation, c'est le cas par exemple du participant R pendant la séance 5 (Figure IV.28). Cela n'est pas toujours vrai, il y a d'autres cas où le rythme cardiaque reste sur le même niveau durant la séance, par exemple, avec le participant S durant les séances 3 et 4 (Figure IV.33et Figure IV.32). A partir de là, nous pouvons dire que la désensibilisation ou l'habituation des participants n'est mesurable qu'entre une séance et une autre et non pas durant la même séance.

CHAPITRE IV
VALIDATION EXPERIMENTALE

CHAPITRE V
CONCLUSION ET PERSPECTIVES.

V.1. Conclusion

De nos jours, la thérapie cognitive et comportementale est considérée comme le moyen le plus efficace en traitement des phobies et en particulier la phobie sociale, cette thérapie est fondée sur les stratégies d'exposition. Il existe différentes manières de pratiquer l'exposition allant d'une simple imagination de la scène phobogène jusqu'à l'exposition à des situations réelles (*in vivo*). L'exposition par RV est un nouveau mode d'exposition offrant certains avantages à cette thérapie. D'après la littérature consultée jusqu'à cet instant, aucun travail de recherche n'a cherché à prouver que l'exposition par RV est plus efficace que les méthodes traditionnelles, ni ne l'a démontré.

Nous avons proposé une nouvelle approche de pratique des thérapies d'exposition par RV qui vise principalement à assister les psychothérapeutes dans leur travail. Nous avons évalué l'efficacité de notre approche à travers des études expérimentales sur des personnes phobiques et non phobiques. Le but recherché n'est pas de comparer l'efficacité thérapeutique de notre

CHAPITRE V
CONCLUSION ET PERSPECTIVES.

approche, ni avec celle des méthodes d'exposition traditionnelles, ni avec celle de l'exposition par la RV habituelle.

Le travail présenté dans ce rapport de thèse propose trois idées novatrices. La première concerne le fait que l'expérience thérapeutique dans l'EV soit guidée par la progression d'une histoire. La deuxième concerne l'exploitation d'une mesure de l'état d'anxiété à partir des réponses physiologiques pour adapter les stimuli phobogènes aux besoins de la thérapie.

La troisième idée tire son originalité de la mise en boucle de régulation du niveau d'anxiété du patient dans les expériences de THERV. Un bloc d'induction d'anxiété étant l'élément contrôleur et le patient l'élément contrôlé. Le retour est assuré par la mesure de l'état du patient.

Ainsi, un système multi-agent coopératif a été conçu afin de modéliser l'inducteur d'anxiété dans lequel les agents sont les acteurs virtuels ou n'importe quelle entité virtuelle ayant la capacité d'affecter l'état du patient à travers son comportement, l'environnement du SMA étant le patient. Des techniques de coordination ont été ainsi utilisées afin de résoudre d'éventuels conflits entre les agents. Le vécu par le patient suit une trame principale guidée par un scénario défini par le psychothérapeute, sa cohérence est assurée par un gestionnaire d'histoire.

Nous avons mené trois études expérimentales pour valider notre approche. La première a été réalisée sur dix participants sains, son objectif était de tester les fonctionnalités du gestionnaire de l'histoire. La deuxième étude a été menée sur un participant phobique social, elle nous a offert une évaluation qualitative de notre système ainsi que le protocole thérapeutique proposé. La troisième étude nous a permis de généraliser l'étude précédente sur trois participants phobiques sociaux. Ces études ont été réalisées dans les limites des contraintes temporelles, budgétaires et relatives à la disponibilité des participants. Le protocole clinique a été défini soigneusement avec une équipe de psychologues et psychiatres au niveau d'une clinique de psychiatrie spécialisée dans les TCC.

Les travaux expérimentaux qui ont été réalisés dans le cadre de notre thèse attestent de l'efficacité de notre solution composée du système automatisé et du protocole thérapeutique associé. Nous avons montré qu'ils peuvent être appliqué avec succès en thérapie de la phobie sociale. Cependant, une conclusion crédible ne peut être obtenue qu'à travers des études sur un nombre important de participants (> 30), en effet, malgré la présence importante des phobiques sociaux dans la société (plus d'un million en France), il est toujours difficile d'y

CHAPITRE V
CONCLUSION ET PERSPECTIVES.

accéder, cela est dû principalement au fait que les phobiques sociaux ressentent de immenses difficultés à consulter.

Un retour qualitatif sur l'évaluation post traitement auprès des participants phobiques sociaux continuent leurs progressions à surmonter les difficultés sociales, mais, aucun retour quantitatif n'a été obtenue jusqu'au moment de la rédaction de ce paragraphe.

Le psychothérapeute qui a suivi nos études expérimentales a exprimé la facilité de gestion des séances de thérapie.

Nous avons pu montrer aussi que le rythme cardiaque constitue un bon indicateur d'anxiété du fait de sa forte corrélation avec les mesures subjectives d'anxiété qui ont été enregistrées.

Néanmoins, certaines hypothèses qui pourraient mettre en évidence d'autres avantages de notre méthodologie n'ont pas pu être vérifiés, notamment.

Le fait que le sens de présence et d'implication du patient dans l'expérience virtuelle affecte considérablement l'efficacité de la thérapie d'exposition.

Nous suggérons que le sens de présence chez les patients peut être amélioré en :

- Faisant vivre aux patients phobiques des histoires cohérentes proches de la réalité,
- Remplaçant la mesure subjective de l'anxiété (SUDS généralement utilisé) qui perturbe énormément l'implication du patient par une mesure objective invasive.
- Laissant au patient une liberté de navigation absolue dans l'EV. Le patient suit uniquement l'évolution des événements.
- Minimisant le nombre d'interventions du psychothérapeute, soit directement avec le patient, soit indirectement à travers l'EV.

Ces propos ne peuvent être vérifiés qu'à travers des études contrôlées avec deux conditions, cela fait l'objet d'une étude complémentaire.

V.2. Perspectives

V.2.1. Travaux en cours

Nous menons actuellement une étude contrôlée auprès de 12 participants phobiques sociaux répartis en deux groupes, le premier suit une THERV selon notre approche et le deuxième suit THERV habituelle similaire à cette développée par Klinger (Evelyne Klinger et al. 2004). L'objectif visé par cette étude est la comparaison des deux conditions, ce qui va nous permettre de vérifier les apports de notre contribution et par conséquent de l'évaluer.

Nous avons gardé pratiquement le même protocole clinique. Afin d'évaluer la qualité de l'assistance offerte par notre système au psychothérapeute, un questionnaire d'évaluation de la charge de travail exercé a été ainsi ajouté.

L'étude est en phase de recrutement des participants.

V.2.2. Perspectives

L'ensemble des travaux de recherche qui ont été présentés dans ce rapport de thèse constitue une plateforme de départ pour certaines réflexions que nous envisageons d'approfondir et qui représentent de nouvelles perspectives de recherches.

a. Mesure de l'anxiété

Le système proposé dans ce document est basé sur une boucle de régulation du niveau d'anxiété du patient (voir Figure III.2), mais, dans l'état actuel du travail, aucune mesure de l'état d'anxiété du patient n'a été réalisée. Le bouclage du système a été assuré par le psychothérapeute à la manière d'un Wizard of Oz. Nous envisageons, dans la suite de notre travail, développer le bloc de mesure d'anxiété à partir de signaux physiologiques. Les résultats des travaux de recherche dans ce domaine sont encourageants, la plupart d'entre eux sont des classifieurs qui combinent plusieurs signaux (EMG, RC ...) pour augmenter leurs taux de réussite de reconnaissance. Pour notre cas, nous n'avons pas besoin d'identifier l'état émotionnel du patient (joie, tristesse, ...), mais seulement sa nature : positive, neutre ou négative. Pour des raisons thérapeutiques, le bloc mesure doit respecter certaines contraintes qui sont liées principalement à la nature thérapeutique de l'expérience de RV :

- La présence de plusieurs capteurs (EMG Facial, respiration, ...) sur le corps du patient perturbe considérablement l'expérience thérapeutique et en particulier la sensation de présence. Pour cette raison, l'utilisation d'un minimum de signaux physiologiques ainsi que l'utilisation de capteurs invasifs nous semble décisive.

- L'utilisation d'expressions faciales du patient pour reconnaître son état d'anxiété n'est pas compatible avec une expérience de RV car cette technique est trop sensible aux conditions d'éclairage du visage du patient ainsi que son orientation. De plus, l'utilisation d'un Visiocasque cache pratiquement toutes les zones intéressantes du visage.

CHAPITRE V
CONCLUSION ET PERSPECTIVES.

Les expériences qui ont été réalisées dans le cadre de notre thèse ont attesté de la forte corrélation qui existe entre le rythme cardiaque et les mesures subjectives d'anxiété, ce constat n'est pas nouveau (Dong P Jang et al. 2002; Meehan et al. 2002), mais notre travail vient le renforcer. Notre première intention est de réaliser des expériences sur des patients phobiques et de vérifier, si le rythme cardiaque seul suffit pour notre application.

Afin d'accélérer cette phase d'expérimentation et vu le manque de patients phobiques sociaux, nous proposons de réaliser les expériences sur des patients souffrants de la peur de parler en public par exemple, d'un côté, ils sont plus accessibles et plus présents dans la société, d'un autre côté, ils manifestent les mêmes réactions physiologiques et comportementales que celles des patients phobiques sociaux.

b. Expérimentation d'histoires complexes

Le scénario de la banque que nous avons développé est simple et ne permet pas de profiter des fonctionnalités du gestionnaire d'histoires. Pour cette raison nous envisageons de développer un scénario complexe muni d'un nombre plus important d'agents virtuels et de situations anxiogènes. L'EV tel que nous l'imaginons représente le voisinage du domicile ou du lieu de travail du patient. Chaque séance d'exposition, des tâches de tous les jours sont demandées au patient, par exemple faire ses courses chez des épiciers du coin, allez au bureau de poste récupérer un colis etc.

Cette idée ne peut être concrétisée sans l'évolution des technologies des ordinateurs et des cartes graphiques permettant de manipuler en temps réels des charges considérables de calcul graphique et de simulation (textures, éclairage, maillages 3D, SMA ...etc).

c. Enrichir l'interactivité par l'introduction de l'analyse vocale

Les dialogues bidirectionnels entre le patient et les agents virtuels renforcent l'interactivité, ce qui affecte directement le sens de présence. Dans les expériences que nous avons menées, le dialogue était toujours unidirectionnel, l'agent virtuel parle et le patient écoute. Le scénario était guidé par la position géographique du patient. Depuis quelques décennies, l'analyse vocale a fait des progrès énormes qui sont dus principalement à l'évolution des technologies du traitement de l'information.

CHAPITRE V
CONCLUSION ET PERSPECTIVES.

À la manière du projet Façade, nous projetons l'introduction de dialogues bidirectionnels dans l'EV en analysant la voix du patient. Le scénario et le comportement des agents virtuels seront guidés par les réponses du patient.

CHAPITRE V
CONCLUSION ET PERSPECTIVES.

CHAPITRE V
CONCLUSION ET PERSPECTIVES.

Liste des figures

Figure II.1 Visiocasque. 7
Figure II.2 Exemple de CAVE et DataGloves 7
Figure II.3 Auditorium virtuel (North et al. 2002) 10
Figure II.4 Huit agents autonomes dans une salle de séminaire (Slater et al. 1999) 11
Figure II.5 Huit agents virtuels dans une salle de séminaire. 12
Figure II.6 Cinq agents virtuels 12
Figure II.7 Représentation symbolique d'agents virtuels (B. Herbelin et al. 2002) 13
Figure II.8 Différentes situations de peur de parler en public (Grillon et al. 2006a; Grillon et al. 2006b) 13
Figure II.9 Évitement du contact visuel (Grillon et al. 2006a; Grillon et al. 2006b) 14
Figure II.10 Cinq personnes incrustées. (Anderson et al. 2003) 14
Figure II.11 Métro et bar virtuels (James et al. 2003). 15
Figure II.12 Différents environnements virtuels (Evelyne Klinger et al. 2004; S Roy et al. 2003) 16
Figure II.13 Télépsychologie(Cristina Botella et al. 2004). 16
Figure II.14 Incrustations temps réel (Lee et al. 2002) 17
Figure II.15 Approche dimensionnelle. 24
Figure II.16 Deux variantes de la roue des émotions de Genève (Scherer 2005) 25
Figure II.17 FeelTrace : Espace bidimensionnel pour l'évaluation simultanée de stimuli (Roddy Cowie et al. 2000) 25
Figure II.18 Roue émotionnelle de (Plutchik & Kellerman 1980) 25
Figure II.19 À gauche : Espace bidimensionnel affectif. À droite : MDS (multidimensional scaling) espace lexical des émotions (Fitrianie & Rothkrantz 2006) 25
Figure II.20 Espace bidimensionnel et continu d'émotion (Spiros V. Ioannou et al. 2005). 27
Figure II.21 Exemple de résultats de reconnaissance. 27
Figure II.22 Points d'intérêt utilisés pour détecter les activités faciales. 28
Figure II.23 Représentation schématique de la musculation faciale. 29
Figure III.1 Séance de thérapie par RV 38
Figure III.2 Boucle de régulation. 38
Figure III.3 Exemple d'un le soccer robotisé. 42
Figure III.4. Exemples de trois actions de fond. 49
Figure III.5. Exemple d'action auxiliaire. 49
Figure III.6. Exemples de stimuli. 50
Figure III.7 Exemple d'un scénario à quatre nœuds. 56
Figure III.8 L'interface graphique de « ESinario ». 59
Figure III.9 Incrustation d'image par le chromakey. 60
Figure III.10 Modèle 3D de l'EV. 60
Figure IV.1 Les agents virtuels de la banque. 71
Figure IV.2 Vue en plan sur la banque. 72
Figure IV.3 L'entrée de la banque. 73
Figure IV.4 Le dispositif expérimental. 74
Figure IV.5 Chemin du premier participant. 76
Figure IV.6 Chemin du deuxième participant. 78
Figure IV.7 Chemin du troisième participant. 79
Figure IV.8 Résultats de l'IPQ. 80
Figure IV.9 Graphe des résultats du questionnaire des peurs 85

CHAPITRE V
CONCLUSION ET PERSPECTIVES.

Figure IV.10 Graphe des résultats de l'échelle de Liebowitz. 86
Figure IV.11 Graphe des résultats du BDI 86
Figure IV.12 Graphe des moyennes du SUDS. 87
Figure IV.13 Graphe radar de la moyenne de l'IPQ 88
Figure IV.14 Graphe des moyennes du BVP 88
Figure IV.15 Réponse cardiaque à un stimulus. 89
Figure IV.16 Résultats de LSAS. 91
Figure IV.17 Résultats du questionnaire des peurs. 91
Figure IV.18 Résultats du BDI-13 92
Figure IV.19 Résultats des moyennes du SUDS par séance. 92
Figure IV.20 Résultats du Rythme cardiaque. 93
Figure IV.21 Résultats du questionnaire IPQ. 94
Figure IV.22 Extrait du rythme cardiaque du participant F durant la séance 2. 94
Figure IV.23 Extrait du rythme cardiaque du participant F durant la séance 4. 95
Figure IV.24 Extrait du rythme cardiaque du participant F durant la séance 6. 95
Figure IV.25 Extrait du rythme cardiaque du participant F durant la séance 7. 95
Figure IV.26 Extrait du rythme cardiaque du participant R durant la séance 1. 96
Figure IV.27 Extrait du rythme cardiaque du participant R durant la séance 4. 96
Figure IV.28 Extrait du rythme cardiaque du participant R durant la séance 5. 96
Figure IV.29 Extrait du rythme cardiaque du participant R durant la séance 6. 97
Figure IV.30 Extrait du rythme cardiaque du participant R durant la séance 7. 97
Figure IV.31 Extrait du rythme cardiaque du participant S durant la séance 2. 97
Figure IV.32 Extrait du rythme cardiaque du participant S durant la séance 3. 98
Figure IV.33 Extrait du rythme cardiaque du participant S durant la séance 4. 98
Figure IV.34 Extrait du rythme cardiaque du participant S durant la séance 7. 98

CHAPITRE V
CONCLUSION ET PERSPECTIVES.

Liste des tableaux

Tableau III.1 L'exemple du Thriller-Comédie. 46
Tableau III.2 États du sujet. 51
Tableau III.3 L'Utilité des états. 51
Tableau IV.1 Les principaux travaux sur la THERV de la phobie sociale. 66
Tableau IV.2 Moyenne et écart type de l'IPQ. 80
Tableau IV.3 Comparaison de l'IPQ des trois études. 100

Liste des abréviations

BDI-13	L'inventaire abrégé de dépression de Beck.
BVP	Blood Volume Pulse.
CIM	Classification internationale des Maladies.
DS	Déviation standard.
DSM	Diagnostic and Statistical Manual of Mental Disorders.
EEG	Electroencephalogramme.
ECG	Electrocardiogramme.
EMG	Electromyographie.
EV	Environnement Virtuel.
HR	Heart rate.
IPQ	Le Questionnaire de Présence de iGroup.
LSAS	Liebowitz Social Anxiety Scale.
PQ	Questionnaire de Présence.
RC	Rythme Cardiaque.
RV	Réalité Virtuelle.
SC	Skin Conductivity.
SMA	Système Multi-Agents.
SUDS	Subjective Unit of Discomfort Scale.
TCC	Thérapies Cognitives et Comportementales.
THERV	Thérapie d'Exposition par Réalité Virtuelle.

CHAPITRE V
CONCLUSION ET PERSPECTIVES.

ANNEXES

ANNEXE I. Questionnaires 117
    I.1. Questionnaire de présence de Igroup(IPQ). 117
    I.2. Questionnaire abrégé de dépression de Beck 120
    I.3. Échelle d'anxiété sociale de Liebowitz 123
    I.4. Questionnaire des peurs 125
ANNEXE II. Outils de conception et de configuration. 127
    II.1. Fonctionnalité de « ESinario » : 127
    II.2. Édition des liens action-action 128
    II.3. Liens événements – Actions 129
    II.4. L'éditeur du scénario 130
    II.5. Building blocks développés 131
    II.6. Démarche de conception d'une exposition 133
ANNEXE III. Actions des agents 134

ANNEXES

ANNEXE I. Questionnaires

I.1. Questionnaire de présence de Igroup(IPQ).

Nom : .... Date : ..../..../........

Voici plusieurs propositions qui peuvent s'appliquer à l'expérience que vous venez d'avoir. Indiquez, s'il vous plait, si chacune de ces propositions s'applique ou non à votre expérience. Vous pouvez utiliser n'importe quelle graduation. Il n'y a pas de bonne ou de mauvaise réponse, seule votre opinion est importante.
Vous remarquerez que certaines questions se ressemblent. Ceci est nécessaire pour des raisons statistiques. Rappelez-vous que vous devez répondre à ces questions en vous référant seulement à l'expérience que vous venez juste d'avoir.

A quel point étiez-vous conscient du monde réel environnant alors que vous étiez en train de naviguer dans le monde virtuel ? (par exemple : sons, température de la pièce, présence d'autres gens, etc.) ?

Extrêmement conscient   Pas conscient du tout
        -3   -2   -1   0   +1   +2   +3
                Modérément
                conscient

Comment le monde virtuel vous a-t-il semblé?

Complètement réel   Pas du tout réel
        -3   -2   -1   0   +1   +2   +3

J'ai eu la sensation d'agir dans l'espace virtuel plutôt que d'agir sur un quelconque mécanisme à l'extérieur de celui-ci.

Pas du tout d'accord   Complètement d'accord
        -3   -2   -1   0   +1   +2   +3

A quel point votre expérience dans l'environnement virtuel vous a-t-elle semblée cohérente avec votre expérience dans le monde réel ?

Pas cohérente   Très cohérente
        -3   -2   -1   0   +1   +2   +3
                Modérément
                cohérente

ANNEXES

A quel point le monde virtuel vous a-t-il semblé réel ?

A peu près aussi réel qu'un monde imaginé   Indistinguable du monde réel

-3   -2   -1   0   +1   +2   +3

Je ne me suis pas senti présent dans l'espace virtuel.

Pas senti présent   Senti présent

-3   -2   -1   0   +1   +2   +3

Je n'étais pas conscient de mon environnement réel.

Pas du tout d'accord   Tout à fait d'accord

-3   -2   -1   0   +1   +2   +3

Dans le monde généré par l'ordinateur, j'ai eu le sentiment "d'y être ".

Pas du tout   Beaucoup

-3   -2   -1   0   +1   +2   +3

D'une certaine façon, j'ai eu l'impression que le monde virtuel m'entourait.

Pas du tout d'accord   Tout à fait d'accord

-3   -2   -1   0   +1   +2   +3

Je me suis senti présent dans l'espace virtuel.

Pas du tout d'accord   Tout à fait d'accord

-3   -2   -1   0   +1   +2   +3

Je faisais toujours attention à l'environnement réel.

Pas du tout d'accord   Tout à fait d'accord

-3   -2   -1   0   +1   +2   +3

Le monde virtuel semblait plus réaliste que le monde réel.

Pas du tout d'accord   Tout à fait d'accord

-3   -2   -1   0   +1   +2   +3

ANNEXES

J'avais l'impression que j'étais juste en train de percevoir des images.

Pas du tout d'accord   Tout à fait d'accord

                   -3   -2   -1   0   +1   +2   +3

J'étais complètement captivé par le monde virtuel.

Pas du tout d'accord   Tout à fait d'accord

                   -3   -2   -1   0   +1   +2   +3

ANNEXES

I.2. Questionnaire abrégé de dépression de Beck

Nom : ………………..……   ……………………..   Date : …./…./…. ….

Ce questionnaire comporte plusieurs séries de quatre propositions. Pour chaque série, lisez les quatre propositions, puis choisissez celle qui décrit le mieux votre état actuel.

Entourez le numéro qui correspond à la proposition choisie. Si, dans une série, plusieurs propositions vous paraissent convenir, entourez les numéros correspondants.

A	Je ne me sens pas triste.	0
	Je me sens cafardeux ou triste.	1
	Je me sens tout le temps cafardeux ou triste, et je n'arrive pas à en sortir.	2
	Je suis si triste et si malheureux que je ne peux pas le supporter.	3

B	Je ne suis pas particulièrement découragé ni pessimiste au sujet de l'avenir.	0
	J'ai un sentiment de découragement au sujet de l'avenir.	1
	Pour mon avenir, je n'ai aucun motif d'espérer.	2
	Je sens qu'il n'y a aucun espoir pour mon avenir, et que la situation ne peut s'améliorer.	3

C	Je n'ai aucun sentiment d'échec de ma vie.	0
	J'ai l'impression que j'ai échoué dans ma vie plus que la plupart des gens.	1
	Quand je regarde ma vie passée, tout ce que j'y découvre n'est qu'échecs.	2
	J'ai un sentiment d'échec complet dans toute ma vie personnelle (dans mes relations avec mes parents, mon mari, ma femme, mes enfants).	3

D	Je ne me sens pas particulièrement insatisfait.	0
	Je ne sais pas profiter agréablement des circonstances.	1
	Je ne tire plus aucune satisfaction de quoi que ce soit.	2
	Je suis mécontent de tout.	3

E	Je ne me sens pas coupable.	0
	Je me sens mauvais ou indigne une bonne partie du temps.	1
	Je me sens coupable.	2
	Je me juge très mauvais et j'ai l'impression que je ne vaux rien.	3

ANNEXES

F	Je ne suis pas déçu par moi-même.	0
	Je suis déçu par moi-même.	1
	Je me dégoûte moi-même.	2
	Je me hais.	3

G	Je ne pense pas à me faire du mal.	0
	Je pense que la mort me libérerait.	1
	J'ai des plans précis pour me suicider.	2
	Si je le pouvais, je me tuerais.	3

H	Je n'ai pas perdu l'intérêt pour les autres gens.	0
	Maintenant, je m'intéresse moins aux autres gens qu'autrefois.	1
	J'ai perdu tout l'intérêt que je portais aux autres gens, et j'ai peu de sentiments pour eux.	2
	J'ai perdu tout intérêt pour les autres, et ils m'indiffèrent totalement.	3

I	Je suis capable de me décider aussi facilement que de coutume.	0
	J'essaie de ne pas avoir à prendre de décision.	1
	J'ai de grandes difficultés à prendre des décisions.	2
	Je ne suis plus capable de prendre la moindre décision.	3

J	Je n'ai pas le sentiment d'être plus laid qu'avant.	0
	J'ai peur de paraître vieux ou disgracieux.	1
	J'ai l'impression qu'il y a un changement permanent dans mon apparence physique qui me fait paraître disgracieux.	2
	J'ai l'impression d'être laid et repoussant.	3

K	Je travaille aussi facilement qu'auparavant.	0
	Il me faut faire un effort supplémentaire pour commencer à faire quelque chose.	1
	Il faut que je fasse un très grand effort pour faire quoi que ce soit.	2
	Je suis incapable de faire le moindre travail.	3

L	Je ne suis pas plus fatigué que d'habitude.	0
	Je suis fatigué plus facilement que d'habitude.	1
	Faire quoi que ce soit me fatigue.	2
	Je suis incapable de faire le moindre travail.	3

ANNEXES

M	Mon appétit est toujours aussi bon.	0
	Mon appétit n'est pas aussi bon que d'habitude.	1
	Mon appétit est beaucoup moins bon maintenant.	2
	Je n'ai plus du tout d'appétit.	3

ANNEXES

I.3. Échelle d'anxiété sociale de Liebowitz

Nom : …………..……   ……………….   Date : ..../..../… ….

	ANXIÉTÉ 0 = Aucune 1 = Légère 2 = Moyenne 3 = Sévère	ÉVITEMENT 0 = Jamais 1 = Occasionnel 2 = Fréquent 3 = Habituel
1. Téléphoner en public		
2. Participer au sein d'un petit groupe		
3. Manger dans un lieu public		
4. Boire en compagnie dans un lieu public		
5. Parler à des gens qui détiennent une autorité		
6. Jouer, donner une représentation ou une conférence devant un public		
7. Aller à une soirée		
8. Travailler en étant observé		
9. Écrire en étant observé		
10. Contacter par téléphone quelqu'un que vous ne connaissez pas très bien		
11. Parler à des gens que vous ne connaissez pas très bien		
12. Rencontrer des inconnus		
13. Uriner dans les toilettes publiques		
14. Entrer dans une pièce alors que tout le monde est déjà assis		
15. Être le centre d'attention		
16. Prendre la parole à une réunion		
17. Passer un examen		
18. Exprimer son désaccord ou sa désapprobation à des gens que vous ne connaissez pas très bien		
19. Regarder dans les yeux des gens que vous ne connaissez pas très bien		

ANNEXES

20. Faire un compte-rendu à un groupe		
21. Essayer de « draguer » quelqu'un		
22. Rapporter des marchandises dans un magasin		
23. Donner une soirée		
24. Résister aux pressions d'un vendeur insistant		E
TOTAL	**A=**	**E=**

ANNEXES

I.4. Questionnaire des peurs

Nom :   Ages :   Sexe :
Date :

1) Veuillez choisir un chiffre dans l'échelle ci-dessous : il permet de chiffrer à quel point vous évitez par peur (ou de fait de sensations ou sentiments désagréables) chacune des situations énumérées ci-dessous. Ensuite, veuillez écrire le nombre choisi dans la case correspondant à chaque situation.

```
0          1        2        3        4        5        6        7        8
|----------|--------|--------|--------|--------|--------|--------|--------|
N'évite         Évite         Évite         Évite très         Évite
pas             un peu        souvent       souvent            toujours
```

1.Principale phobie que vous voulez traiter (décrivez la à votre façon, puis cotez la de 0 à 8)...	
2.Injections et interventions chirurgicales minimes	
3.Manger et boire avec les autres	
4.Aller dans les hôpitaux	
5.Faire seul(e) des trajets en bus ou en car	
6.Se promener seul(e) dans des rues où il y a foule	
7.Etre regardé(e) ou dévisagé(e)	
8.Aller dans des magasins remplis de monde	
9.Parler à des supérieurs hiérarchiques ou à toute personne exerçant une autorité	
10.Voir du sang	
11.Etre critiqué (e)	
12.Partir seul(e) loin de chez vous	
13.Penser que vous pouvez être blessé(e) ou malade	
14.Parler ou agir en public	
15.Les grands espaces vides	
16.Aller chez le dentiste	
17.Toute autre situation qui vous fait peur et que vous évitez (décrivez la puis cotez la de 0 à 8)	

ANNEXES

Ne pas remplir

AG	SA-B	SOC	Total

2°) Maintenant veuillez choisir dans l'échelle ci-dessous un chiffre qui montrera à quel degré vous souffrez de chacun des problèmes énumérés ci-dessous, puis inscrivez ce chiffre dans la case correspondante.

```
0        1        2        3        4        5        6        7        8
|        |        |        |        |        |        |        |        |
Ne    souffre   Souffre           Souffre           Souffre           Souffre
pas du tout   un peu            vraiment          beaucoup          extrêmement
```

18. Sentiment d'être malheureux ou déprimé	
19. Sentiment d'être irritable ou en colère	
20. Se sentir tendu ou paniqué	
21. Avoir l'esprit tourmenté de pensées inquiétantes	
22. Sentir que vous ou votre environnement (choses, personnes) sont irréels ou étranges	
23. Autres sentiments pénibles (décrivez les) :	

TOTAL

3°) A combien évaluez-vous actuellement la gêne que représente dans votre vie votre comportement phobique ? Veuillez entourer un chiffre dans l'échelle ci-dessous et le reporter dans cette case :

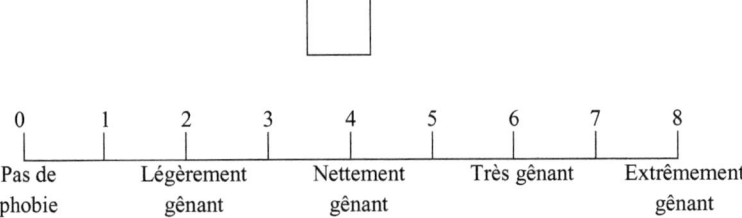

```
0        1        2        3        4        5        6        7        8
|        |        |        |        |        |        |        |        |
Pas de      Légèrement         Nettement         Très gênant      Extrêmement
phobie        gênant             gênant                              gênant
```

ANNEXES

ANNEXE II. Outils de conception et de configuration.

II.1. Fonctionnalité de « ESinario » :

L'interface graphique de « ESinario » et devisée en deux volets. Le volet situé à gauche donne une vue en arbre de l'ensemble des agents du SMA ainsi que leurs actions et leurs différentes caractéristiques.

Le volet situé à droite offre une vue en plan sur l'EV (banque) et les différents agents. L'utilisateur du « ESinario » peut commander les déplacements du patient. Une autre fenêtre de résultats (à droite en bas) affiche un historique détaillé de la simulation y compris le mécanisme de décision de chaque agent.

Copie d'écran de l'interface de « ESinario »

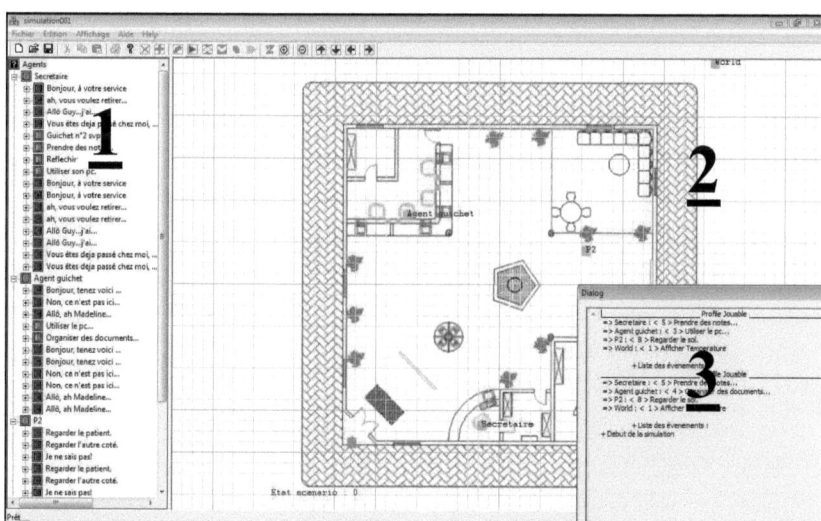

ANNEXES

II.2. Édition des liens action-action

Cette boîte de dialogue permet d'éditer la matrice   (III.5.3).

désigne la matrice qui donne les liens action-action, avec :   est le nombre d'agents,   et   l'intervalle de nœuds.

La boîte de dialogue ci-dessous permet de désigner un lien entre l'action   d'un agent avec l'action   de l'agent   associé au nœud   .

- Le contrôle 1 permet de désigner l'agent   de la première action.
- Le contrôle 2 permet de choisir l'action   .
- Le contrôle 3 permet de désigner l'agent   de la première action.
- Le contrôle 4 permet de choisir l'action   .
- Le contrôle 5 désigne le nœud   .
- Le contrôle 6 liste tous les liens.

Copie d'écran de la boîte de dialogue d'édition des liens action-action

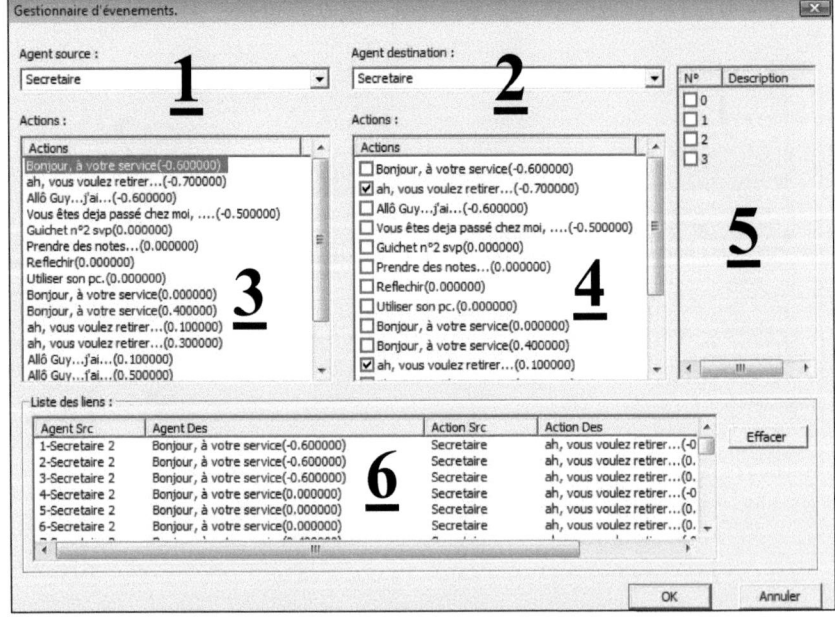

ANNEXES

II.3. Liens événements – Actions

La boîte de dialogue ci-dessous permet d'éditer la matrice (III.5.2) des liens événements-actions-. Les événements générés par les déplacements du sujet permettent aux agents de réagir à ses actions. Un agent associe une ou plusieurs actions à un événement généré par le sujet.

Avec   la matrice donnant les liens événement-actions,
avec :   est le nombre d'agents,   et   l'intervalle de nœuds.

La boîte de dialogue désigne un lien   .entre l'événement   indiqué par le contrôle 2 et l'action   désignée par le contrôle 1 durant le nœud   donnée par le contrôle 4.

Le contrôle 3 liste les liens événements-actions disponibles.

Copie d'écran de la boîte de dialogue des liens événements-actions

ANNEXES

II.4. L'éditeur du scénario

La boîte de dialogue suivante est une interface d'édition des scénarios ainsi que les événements.

Un scénario est défini comme étant une suite ordonnée d'ensembles   appelés aussi noeuds, il est donné par la suite suivante :   .

Les ensembles   sont définis comme suite :   avec   .

Chaque couple   désigne une action   qui demande au sujet de réaliser une tâche et un événement   qui signale la réalisation de la tâche par le sujet.

Le contrôle 1 liste les actions impliquées dans le scénario, le contrôle 2 donne les événements susceptibles d'être déclenchés par le sujet. Les nœuds ainsi que les couple   sont donnés par le contrôle 3.

Copie d'écran : éditeur du scénario.

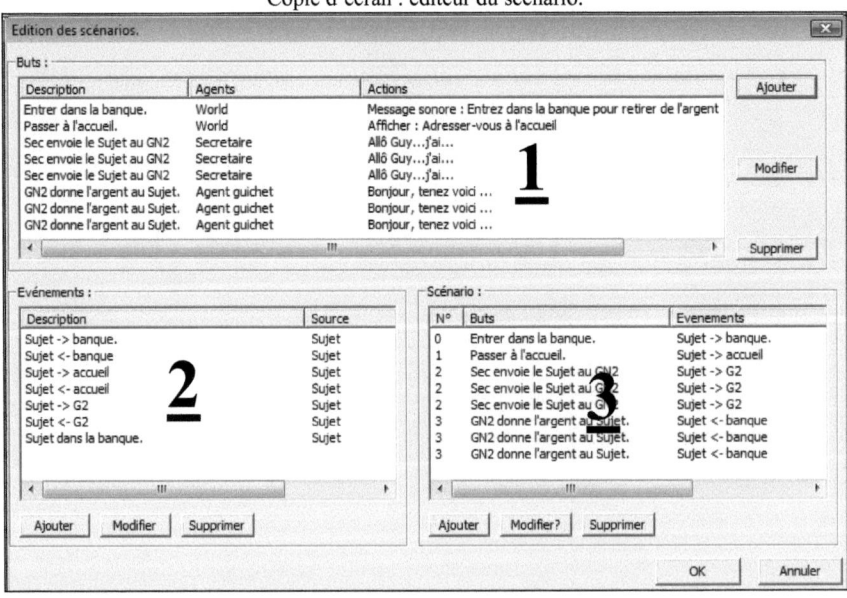

ANNEXES

II.5. Building blocks développés

La copie d'écran ci-dessous illustre l'interface graphique de Virtools.

La fenêtre 1 représente la vue de visualisation de l'environnement t virtuel. La fenêtre 2 liste les « building blocks » disponibles. La fenêtre 3 est réservée aux scripts et comportements permettant d'ajouter de l'interactivité aux objets 3D.

Copie d'écran : Virtools

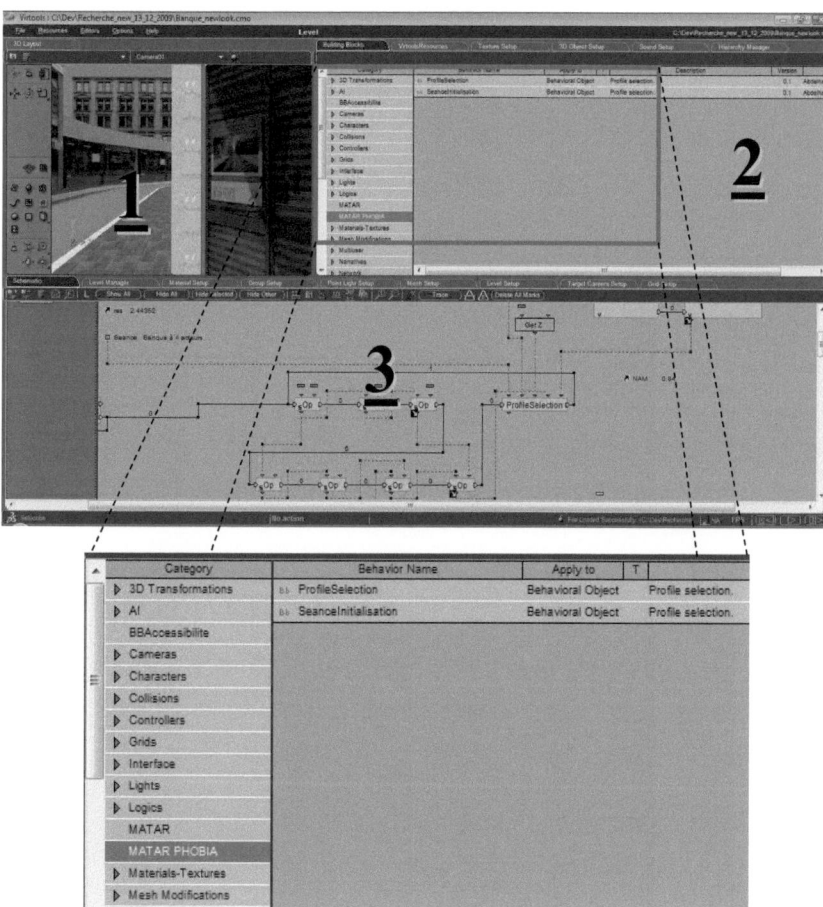

ANNEXES

La boîte de dialogue suivante illustre l'interface du nouveau paramètre « séance » que nous avons développé, elle permet d'importer (contrôle 1) le document XML qui a été exporter à partir de « ESinario ». Les contrôles 2, 4 et 5 listent le contenu du document XML. Les contrôles 3 et 6 permettent de générer de façon automatique les scripts et comportement de Virtools associés aux différentes actions des agents.

Copie d'écran : l'interface d'un paramètre « séance ».

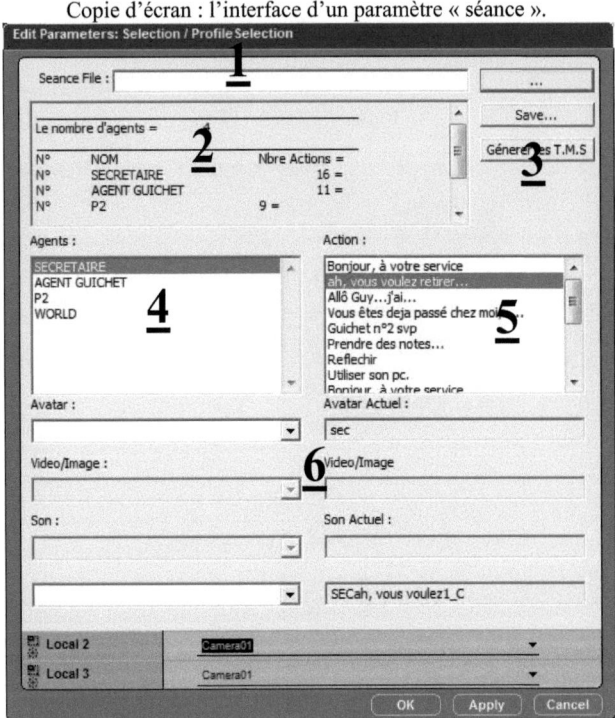

ANNEXES

II.6. Démarche de conception d'une exposition

On peut résumer la démarche de conception d'un EV comme suit :

- Choix d'un lieu (s) d'exposition ;
- Choix des situations anxiogènes ;
- Création du scénario permettant d'enchaîner les situations anxiogènes ;
- Identification des acteurs et leurs actions.
- Modélisation et simulation du scénario sous « ESinario ».
- Préparation des modèles 3D, enregistrements vidéo et sonores.
- Mise en marche de l'ensemble sous Virtools.

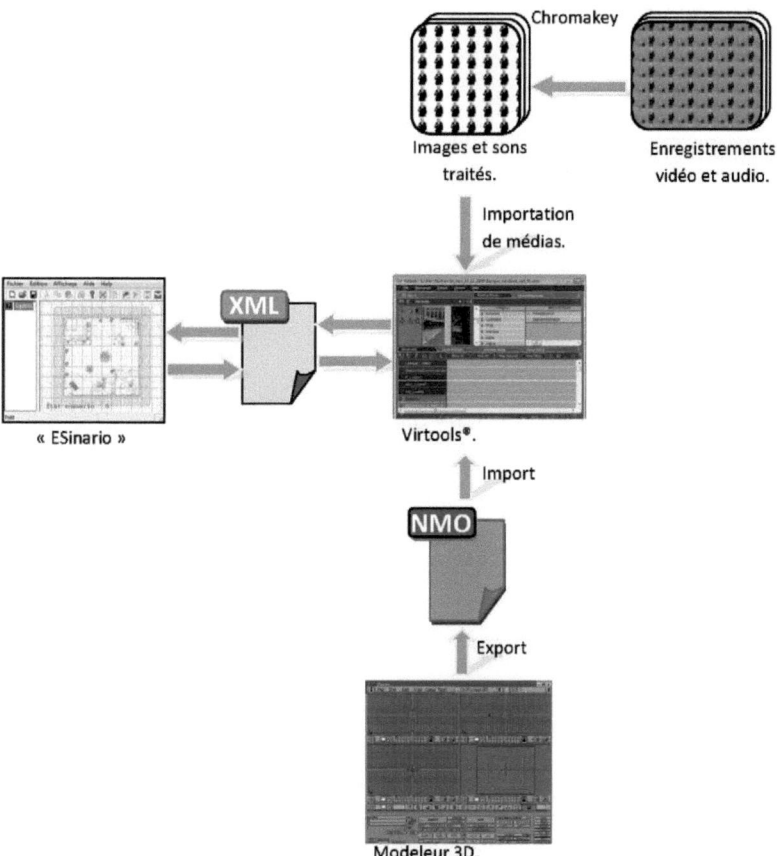

ANNEXES

ANNEXE III. Actions des agents

Secrétaire		
N°	Stimuli	Effet
1	Bonjour, à votre service.	Rassurante
2	Bonjour…	Neutre
3	Oui …	Anxiogène
4	Ah, vous voulez retirer de l'argent, et vous n'avez pas de pièce d'identité, ni numéro de compte…Veuillez patienter svp?	Rassurante
5	ah, vous voulez retirer de l'argent, et vous n'avez pas de pièce d'identité, ni numéro de compte…Veuillez patienter ?	Neutre
6	Ah, vous voulez retirer de l'argent, et vous n'avez pas de pièce d'identité, ni numéro de compte … 2 minutes …?	Anxiogène
7	Allô Olivier… j'ai un client là sans pièce d'identité, ni numéro de compte, il veut retirer de l'argent, c'est possible ?…d'accord merci … Oui c'est possible, adressez-vous au guichet N°1, mon collègue vous attend. Au revoir	Rassurante
8	Allô Olivier… j'ai un client là sans pièce d'identité, ni numéro de compte, il veut retirer de l'argent, c'est possible ?…d'accord merci …. Oui c'est possible, adressez-vous au guichet N°1, mon collègue vous attend. Au revoir	Neutre
9	Allô Olivier… j'ai un client là sans pièce d'identité, ni numéro de compte, il veut retirer de l'argent, c'est possible ?…d'accord merci …. Oui c'est possible, adressez-vous au guichet N°1, mon collègue vous attend…	Anxiogène
10	Vous êtes déjà passé chez moi, allez au guichet N°1.	Rassurante
11	Vous êtes déjà passé chez moi, allez au guichet N°1.	Neutre
12	Vous êtes déjà passé chez moi, suivez ce qu'on vous a dit.	Anxiogène
N°	Actions de fond	Effet
13	Prendre des notes.	-
14	Réfléchir.	-
15	Utiliser le pc.	-
Agent de guichet		
N°	Stimuli	Effet
1	Bonjour … tenez voici votre argent ; Au revoir !	Rassurante
2	Bonjour … tenez voici votre argent ; Au revoir !	Neutre
3	Bonjour … tenez voici votre argent … au suivant.	Anxiogène
4	Veuillez vous adresser à l'accueil.	Rassurante

ANNEXES

5	Veuillez vous adresser à l'accueil.	Neutre
6	Non ce n'est pas ici, suivez ce qu'on vous a dit	Anxiogène
7	Allô Ah Madeline, que puis-je faire pour vous?... oui c'est possible, vous pouvez me l'envoyer... de rien	Rassurante
8	Allô Ah Madeline, que puis-je faire pour vous?... oui c'est possible, vous pouvez me l'envoyer... ok	Neutre
9	Allô Ah Madeline, que puis-je faire pour vous?... oui c'est possible, vous pouvez me l'envoyer...	Anxiogène
N°	Actions de fond	Effet
10	Utiliser le PC	-
11	Organiser des documents.	-

Le client dans le hall

N°	Stimuli	Effet
1	Regarder le patient (droit dans les yeux).	Anxiogène
2	Regarder le patient (en manipulant le téléphone portable).	Neutre
3	Regarder le voisinage du patient.	Rassurante
4	Regarder l'autre coté avec des longs regards sur le patient.	Anxiogène
5	Regarder l'autre coté avec des courts regards sur le patient.	Neutre
6	Regarder l'autre coté.	Rassurante
7	Je ne sais pas !	Rassurante
8	Je ne sais pas !	Neutre
9	Je ne sais pas !	Anxiogène
N°	Actions de fond	Effet
10	Regarder le sol	-

Le monde

N°	Stimuli	Effet
1	Afficheur : Adresser vous à l'accueil.	Neutre
N°	Actions de fond	Effet
2	Afficheur : Température.	-
3	Afficheur : la date et l'heure.	-

ANNEXES

Bibliographie

American Psychiatric Association, 1994. *Diagnostic and Statistical Manual of Mental Disorders DSM-IV-TR Fourth Edition (Text Revision)*, American Psychiatric Publishing.

Anderson, P., Rothbaum, B.O. & Hodges, L.F., 2003. Virtual reality in the treatment of social anxiety: Two case reports. *Cognitive and Behavioral Practice*, 10(3), 240-247.

André, C. & Légeron, P., 2003. *La peur des autres : Trac, timidité et phobie sociale*, Odile Jacob.

Anttonen, J. & Surakka, V., 2005. Emotions and heart rate while sitting on a chair. Dans Portland, Oregon, USA: ACM, p. 491-499. Available at: http://portal.acm.org/citation.cfm?id=1055040 [Accédé Janvier 4, 2010].

Anttonen, J. & Surakka, V., 2007. Music, Heart Rate, and Emotions in the Context of Stimulating Technologies. Dans Lisbon, Portugal: Springer-Verlag, p. 290-301. Available at: http://portal.acm.org/citation.cfm?id=1422199 [Accédé Janvier 4, 2010].

Bailenson, J.N. et al., 2008. Real-time classification of evoked emotions using facial feature tracking and physiological responses. *International Journal of Human-Computer Studies*, 66(5), 303-317.

van Baren, J. & IJsselsteijn, W., 2004. *Measuring Presence: A Guide to Current Measurement Approaches* 2001er éd., Available at: http://citeseerx.ist.psu.edu/viewdoc/summary?doi=10.1.1.103.2455 [Accédé Août 12, 2010].

BECK, A.T. et al., 1961. An inventory for measuring depression. *Archives of General Psychiatry*, 4, 561-571.

Beck, A.T., 1979. *Cognitive therapy of depression*, Guilford Press.

Beck, A.T., Steer, R.A. & Carbin, M.G., 1988. Psychometric properties of the Beck Depression Inventory: Twenty-five years of evaluation. *Clinical Psychology Review*, 8(1), 77-100.

Benedikt, M.L., 1991. *Cyberspace: First Steps*, The MIT Press.

Benford, S. et al., Designing Storytelling Technologies to Encourage Collaboration Between Young Children. Available at: ftp://ftp.cs.umd.edu/pub/hcil/Reports-Abstracts-Bibliography/99-28html/99-28.html.

Botella, C., Hofmann, S.G. & Moscovitch, D.A., 2004. A self-applied, Internet-based intervention for fear of public speaking. *Journal of Clinical Psychology*, 60(8), 821-830.

Bibliographie

Bouchard, S. et al., 2008. Anxiety Increases the Feeling of Presence in Virtual Reality. *Presence: Teleoperators and Virtual Environments*, 17(4), 376-391.

Bradley, M.M., 2000. Emotion and Motivation. Dans J. T. Cacioppo, L. G. Tassinary, & G. G. Berntson, éd. *Handbook of Psychophysiology*. New York: Cambridge University Press, p. 602-642.

Bradley, M. & Lang, P., 1994. Measuring emotion: the Self-Assessment Manikin and the Semantic Differential. *J Behav Ther Exp Psychiatry*, 25(1), 59, 49.

Busso, C. et al., 2004. Analysis of emotion recognition using facial expressions, speech and multimodal information. Dans State College, PA, USA: ACM, p. 205-211. Available at: http://portal.acm.org/citation.cfm?id=1027933.1027968 [Accédé Janvier 4, 2010].

Charles, F. et al., 2003. Planning formalisms and authoring in interactive storytelling. Dans *Proceedings of the 1 st International Conference on Technologies for Interactive Digital Storytelling and Entertainment*. Fraunhofer IRB Verlag, p. 216–225.

Cowie, R. et al., 2005. An intelligent system for facial emotion recognition. Dans Multimedia and Expo, 2005. ICME 2005. IEEE International Conference on. p. 4 pp.

Cowie, R. et al., 2001. Emotion recognition in human-computer interaction. *Signal Processing Magazine, IEEE*, 18(1), 32-80.

Cowie, R. et al., 2000. 'feeltrace': An Instrument For Recording Perceived Emotion In Real Time. Available at: http://citeseerx.ist.psu.edu/viewdoc/summary?doi=10.1.1.58.7528 [Accédé Août 11, 2010].

D'Mello, S., Picard, R.W. & Graesser, A., 2007. Toward an Affect-Sensitive AutoTutor. *IEEE Intelligent Systems*, 22(4), 53-61.

Donato, G. et al., 1999. Classifying facial actions. *Pattern Analysis and Machine Intelligence, IEEE Transactions on*, 21(10), 974-989.

Donikian, S. & Portugal, J., 2004. Writing Interactive Fiction Scenarii with DraMachina. Dans *TIDSE*.

Ekman, P., 1992. An argument for basic emotions. *Cognition & Emotion*, 6(3), 200, 169.

Emmelkamp, P.M. et al., 2001. Virtual reality treatment in acrophobia: a comparison with exposure in vivo. *Cyberpsychology & Behavior: The Impact of the Internet, Multimedia and Virtual Reality on Behavior and Society*, 4(3), 335-339.

Fitrianie, S. & Rothkrantz, L.J.M., 2006. Constructing Knowledge for Automated Text-Based Emotion Expressions *. Dans International Conference on Computer Systems and Technologies. Available at: http://citeseerx.ist.psu.edu/viewdoc/summary?doi=10.1.1.118.578 [Accédé Août 11, 2010].

Foa, E.B. & Kozak, M.J., 1986. Emotional processing of fear: exposure to corrective

Bibliographie

information. *Psychological Bulletin*, 99(1), 20-35.

Fuchs, P., 2006. *Le Traité de la Réalité Virtuelle*,

Garcia-Palacios, A. et al., 2001. Redefining therapeutic success with virtual reality exposure therapy. *Cyberpsychology & Behavior: The Impact of the Internet, Multimedia and Virtual Reality on Behavior and Society*, 4(3), 341-348.

Grillon, H. et al., 2006a. Virtual Reality as Therapeutic Tool for Behavioural Exposure in the Ambit of Social Anxiety Disorder Treatment. Dans *ICDVRAT 2006*. p. 105–112.

Grillon, H. et al., 2006b. Virtual Reality as Therapeutic Tool in the Confines of Social Anxiety Disorder Treatment. *International Journal in Disability and Human Development*, 5(3), 243–250.

Gross, J.J. & Levenson, R.W., 1997. Hiding feelings: the acute effects of inhibiting negative and positive emotion. *Journal of Abnormal Psychology*, 106(1), 95-103.

Gutierrez, M.A., Vexo, F. & Thalmann, D., 2008. *Stepping into Virtual Reality*, Springer London Ltd.

Harris, S.R., Kemmerling, R.L. & North, M.M., 2002. Brief virtual reality therapy for public speaking anxiety. *Cyberpsychology & Behavior: The Impact of the Internet, Multimedia and Virtual Reality on Behavior and Society*, 5(6), 543-550.

Heimberg, R.G. et al., 1999. Psychometric properties of the Liebowitz Social Anxiety Scale. *Psychological Medicine*, 29(1), 199-212.

Hendrix, C. & Barfield, W., 1996. Presence within virtual environments as a function of visual display parameters. *Presence: Teleoperators and Virtual Environments*, 5, 274-289.

Herbelin, B. et al., 2002a. Virtual Reality in Cognitive Behavioral Therapy : a preliminary study on Social Anxiety Disorder. Dans *VSMM2002*.

Herbelin, B. et al., 2002b. Virtual Reality in Cognitive Behavioral Therapy : a preliminary study on Social Anxiety Disorder. Available at: http://infoscience.epfl.ch/record/100299.

Ioannou, S.V. et al., 2005. Emotion recognition through facial expression analysis based on a neurofuzzy network. *Neural Netw.*, 18(4), 423-435.

James, L.K. et al., 2003. Social anxiety in virtual environments: results of a pilot study. *Cyberpsychology & Behavior: The Impact of the Internet, Multimedia and Virtual Reality on Behavior and Society*, 6(3), 237-243.

Jang, D.P. et al., 2002. Analysis of physiological response to two virtual environments: driving and flying simulation. *Cyberpsychology & Behavior: The Impact of the Internet, Multimedia and Virtual Reality on Behavior and Society*, 5(1), 11-18.

Bibliographie

John C. Harsanyi & Reinhard Selten, 1988. *A General Theory of Equilibrium Selection in Games*, The MIT Press. Available at: http://ideas.repec.org/b/mtp/titles/0262582384.html [Accédé Août 12, 2010].

Kim, K., Bang, S. & Kim, S., 2004. Emotion recognition system using short-term monitoring of physiological signals. *Medical and Biological Engineering and Computing*, 42(3), 427, 419.

Klinger, E., 2006. *Apports de la réalité virtuelle à la prise en charge de troubles cognitifs et comportementaux*. PhD Thesis. Available at: http://pastel.paristech.org/1645/.

Klinger, E. et al., 2003. Designing Virtual Worlds to treat Social Phobia. Dans *Cybertherapy 2003 (Wiederhold BK, Riva G, Wiederhold MD, eds)*. San Diego, CA: Interactive Media Institute, p. 113-121.

Klinger, E. et al., 2004. Virtual reality exposure in the treatment of social phobia. *Studies in Health Technology and Informatics*, 99, 91-119.

Krijn, M. et al., 2004. Virtual reality exposure therapy of anxiety disorders: A review. *Clinical Psychology Review*, 24(3), 259-281.

Lang, P.J. et al., 1998. Emotional arousal and activation of the visual cortex : An fMRI analysis. *Psychophysiology*, 35(2), 199-210.

Lee, J.M. et al., 2002. Virtual reality system for treatment of the fear of public speaking using image-based rendering and moving pictures. *Cyberpsychology & Behavior: The Impact of the Internet, Multimedia and Virtual Reality on Behavior and Society*, 5(3), 191-195.

Lee, K.M., 2004. Presence, Explicated. *Communication Theory*, 14(1), 27-50.

Levenson, R.W. & Ekman, P., 2002. Difficulty does not account for emotion-specific heart rate changes in the directed facial action task. *Psychophysiology*, 39(3), 397-405.

Machado, I., *Is the wolf angry or... just hungry? Inspecting, modifying and sharing characters ' minds,*

Malliani, A. et al., 1991. Cardiovascular neural regulation explored in the frequency domain. *Circulation*, 84(2), 482-492.

Mandryk, R. & Atkins, S., 2007. A fuzzy physiological approach for continuously modeling emotion during interaction with play technologies. *Int. J. Hum.-Comput. Stud.*, 65(4), 347, 329.

Mantovani, G. & Riva, G., 1999. "Real" Presence: How Different Ontologies Generate Different Criteria for Presence, Telepresence, and Virtual Presence. *Presence: Teleoperators and Virtual Environments*, 8(5), 540-550.

Marks, I.M. & Mathews, A.M., 1979. Brief standard self-rating for phobic patients. *Behaviour Research and Therapy*, 17(3), 263-267.

Bibliographie

Marks, I., 1987. *Fears, Phobias and Rituals: Panic, Anxiety, and Their Disorders*, Oxford University Press, USA.

Marsella, S.C., Johnson, L.L. & Labore, C., 2000. Interactive pedagogical drama. Dans *AGENTS '00: Proceedings of the fourth international conference on Autonomous agents*. New York, NY, USA: ACM Press, p. 301–308.

Martine, B. & Jean, C., 2010. *Protocoles et échelles d'évaluation en psychiatrie et en psychologie*, Editions Masson.

Mateas, M., 2001. A preliminary Poetics for Interactive Drama and Games. Dans p. 51–58.

Mateas, M., 1999. An Oz-Centric Review of Interactive Drama and Believable Agents. *Lecture Notes in Computer Science*, 1600, 297.

Mateas, M. & Stern, A., 2002. A Behavior Language for Story-Based Believable Agents. *IEEE Intelligent Systems*, 17(4), 39–47.

Meehan, M. et al., 2002. Physiological measures of presence in stressful virtual environments. *ACM Trans. Graph.*, 21(3), 645-652.

Meehan, M.J., 2001. *Physiological reaction as an objective measure of presence in virtual environments*. The University of North Carolina at Chapel Hill. Available at: http://portal.acm.org/citation.cfm?id=933179 [Accédé Janvier 7, 2010].

Michaud, M. et al., 2004. Manipulating presence and its impact on anxiety. *Cyherpsychology and Behavior*, 7(3), 297-298.

Moore, K. et al., 2002. Panic and agoraphobia in a virtual world. *Cyberpsychology & Behavior: The Impact of the Internet, Multimedia and Virtual Reality on Behavior and Society*, 5(3), 197-202.

Moussaoui, A. et al., 2010. Emotional regulation in the context of a virtual reality therapy: a case study of social phobia. *Association for the advancement of Modelling & Simulation techniques in Entreprises*, (Accepted).

Moussaoui, A., Pruski, A. & Cherki, B., 2007. Emotion regulation for social phobia treatment using virtual reality. Dans *HuMaN07*. International Conference on Human-Machine Interaction. Timimoun.

Moussaoui, A., Pruski, A. & Cherki, B., 2011. Interaction management between social agents and human. *Journal of Automation, Mobile Robotics & Intelligent Systems*, (Accepted).

Moussaoui, A., Pruski, A. & Cherki, B., 2010. Régulation des émotions dans le cadre d'une thérapie par la réalité virtuelle : étude d'un cas de phobie sociale. Dans *La pluridisciplinarité au service d'une réalité sociétale*. CONGRES HANDICAP 2010. Paris, p. 209-214.

Bibliographie

Moussaoui, A., Pruski, A. & Cherki, B., 2009. Social interaction control in the framework of virtual reality therapy. Dans Laval Virtual VRIC'09. France. Available at: www.lavalvirtual.org.

Nöjd, N. et al., 2005. Wireless wearable EMG and EOG measurement system for psychophysiological applications. Dans *IFMBE Proceedings of the 13th Nordic Baltic Conference on Biomedical Engineering and Medical Physics*. p. 144–145.

North, M.M., North, S.M. & Coble, J.R., 1998a. Virtual Reality Therapy : An effective Treatment for the Fear of Public Speaking. *INTERNATIONAL JOURNAL OF VIRTUAL REALITY*, 3(2), 1-7.

North, M.M., North, S.M. & Coble, J.R., 1998. Virtual reality therapy: an effective treatment for phobias. *Studies in Health Technology and Informatics*, 58, 112-119.

North, M.M., North, S.M. & Coble, J.R., 1997. Virtual environment psychotherapy: A case study of fear of flying disorder. *Presence, Teleoperators and Virtual Environments*, 6(1), 87-105.

North, M.M. et al., 1997. Virtual Reality Therapy - An Effective Treatment for Psychological Disorders. *INTERNATIONAL JOURNAL OF VIRTUAL REALITY*, 3, 2--6.

North, M.M., Schoeneman, C.M. & Mathis, J.R., 2002. Virtual Reality Therapy: case study of fear of public speaking. *Studies in Health Technology and Informatics*, 85, 318-320.

Öhman, A., Hamm, A. & Hugdahl, K., 2000. Cognition and the Autonomic Nervous\line System: Orienting, Anticipation, and Conditioning. Dans J. T. Cacioppo, L. G. Tassinary, & G. Berntson, éd. *Handbook of Psychophysiology*. New York: Cambridge University Press, p. 533-575.

Ortony, A., Clore, G.L. & Collins, A., 1990. *The Cognitive Structure of Emotions*, Cambridge University Press.

Partala, T., Surakka, V. & Vanhala, T., 2005. Person-independent estimation of emotional experiences from facial expressions. Dans *Proceedings of the 10th international conference on Intelligent user interfaces*. San Diego, California, USA: ACM, p. 246-248. Available at: http://portal.acm.org/citation.cfm?id=1040883 [Accédé Janvier 4, 2010].

Partala, T., Surakka, V. & Vanhala, T., 2006. Real-time estimation of emotional experiences from facial expressions. *Interact. Comput.*, 18(2), 208-226.

Pentland, A., 2000. Perceptual intelligence. *Communications of the ACM*, 43(3), 35-44.

Pertaub, D., Slater, M. & Barker, C., 2002. An Experiment on Public Speaking Anxiety in Response to Three Different Types of Virtual Audience. *Presence: Teleoperators and Virtual Environments*, 11(1), 78, 68.

Picard, W.R., Vyzas, E. & Healey, J., 2001. Toward Machine Emotional Intelligence: Analysis of Affective Physiological State. *IEEE Transactions on Pattern Analysis and*

Bibliographie

Machine Intelligence, 23(10), 1175-1191.

Plutchik, R. & Kellerman, H.1., 1980. A general psychoevolutionary theory of emotion. Dans *Theories of emotion / edited by Robert Plutchik, Henry Kellerman*. Emotion, theory, research, and experience ; v. 1. New York :: Academic Press.

Price, M. et al., 2006. THE RELATION OF PRESENCE AND VIRTUAL REALITY EXPOSURE FOR TREATMENT OF FLYING PHOBIA. Available at: http://citeseerx.ist.psu.edu/viewdoc/summary?doi=10.1.1.93.9403 [Accédé Août 12, 2010].

Rainville, P. et al., 2006. Basic emotions are associated with distinct patterns of cardiorespiratory activity. *International Journal of Psychophysiology*, 61(1), 5-18.

Regenbrecht, H.T., Schubert, T.W. & Friedmann, F., 1998. Measuring the Sense of Presence and its Relations to Fear of Heights in Virtual Environments. *International Journal of Human-Computer Interaction*, 10(3), 233.

Renaud, P., Bouchard, S. & Proulx, R., 2002. Behavioral avoidance dynamics in the presence of a virtual spider. *IEEE Transactions on Information Technology in Biomedicine: A Publication of the IEEE Engineering in Medicine and Biology Society*, 6(3), 235-243.

Richard, D.C. & Lauterbach, D., 2006. *Handbook of Exposure Therapies* 1er éd., Academic Press.

Robillard, G. et al., 2003. Anxiety and Presence during VR Immersion: A Comparative Study of the Reactions of Phobic and Non-phobic Participants in Therapeutic Virtual Environments Derived from Computer Games. *CyberPsychology & Behavior*, 6(5), 467-476.

Roussos, M. et al., 1996. Constructing collaborative stories within virtual learning landscapes. Dans *In European Conference on AI in Education*. p. 129–135.

Roy, S. et al., 2003. Definition of a VR-based protocol to treat social phobia. *Cyberpsychology & Behavior: The Impact of the Internet, Multimedia and Virtual Reality on Behavior and Society*, 6(4), 411-420.

Russell, S.J. & Norvig, 2003. *Artificial Intelligence: A Modern Approach (Second Edition)*, Prentice Hall.

Scherer, K.R., 2005. What are emotions? And how can they be measured? *Social Science Information*, 44(4), 695-729.

Schubert, T., Friedmann, F. & Regenbrecht, H., 2001. The Experience of Presence: Factor Analytic Insights. *Presence: Teleoperators and Virtual Environments*, 10(3), 266-281.

Slater, M., Pertaub, D. & Steed, A., 1999. Public speaking in virtual reality: facing an audience of avatars. *Computer Graphics and Applications, IEEE*, 19(2), 6-9.

Slater, M., Pertaub & Steed, A., 1999. Public Speaking in Virtual Reality: Facing an Audience

Bibliographie

of Atavars. Available at:
http://citeseerx.ist.psu.edu/viewdoc/summary?doi=10.1.1.17.3687 [Accédé Novembre 1, 2009].

Slater, M. et al., 2006. An Experimental Study on Fear of Public Speaking Using a Virtual Environment. Available at:
http://www.liebertonline.com/doi/abs/10.1089/cpb.2006.9.627?journalCode=cpb [Accédé Novembre 1, 2009].

Slater, M. et al., 2006. An experimental study on fear of public speaking using a virtual environment. *Cyberpsychology & Behavior: The Impact of the Internet, Multimedia and Virtual Reality on Behavior and Society*, 9(5), 627-633.

Slater, M. & Usoh, M., 1994. Depth of Presence in Virtual Environments. Available at:
http://citeseerx.ist.psu.edu/viewdoc/summary?doi=10.1.1.35.8684 [Accédé Août 12, 2010].

Sohail, A.S. & Bhattacharya, P., 2007. Classification of Facial Expressions Using K-Nearest Neighbor Classifier. Dans *Computer Vision/Computer Graphics Collaboration Techniques*. p. 555-566. Available at: http://dx.doi.org/10.1007/978-3-540-71457-6_51 [Accédé Janvier 4, 2010].

Spitzer, R.L.,.M.D.;.A.P.A.E.A., 1981. *Diagnostic and Statistical Manual of Mental Disorders - Third Edition*, American Psychiatric Association.

Stoermer, R. et al., 2000. Monitoring Human-Virtual Reality Interaction: A Time Series Analysis Approach. *CyberPsychology Behavior*, 3(3), 401-406.

Surakka, V. et al., 1998. Modulation of human auditory information processing by emotional visual stimuli. *Brain Research. Cognitive Brain Research*, 7(2), 159-163.

Tassinary, L.G. & Cacioppo, J.T., 2000. The skeletomotor system: Surface electromyography. Dans J. T. Cacioppo, L. G. Tassinary, & G. Berntson, éd. *Handbook of Psychophysiology*. New York: Cambridge University Press, p. 163-199.

Teller, A., 2004. A platform for wearable physiological computing. *Interacting with Computers*, 16(5), 917-937.

Tennenhouse, D., 2000. Proactive computing. *Commun. ACM*, 43(5), 43-50.

Usoh, M. et al., 2000. Using Presence Questionnaires in Reality. Available at:
http://citeseerx.ist.psu.edu/viewdoc/summary?doi=10.1.1.33.3090 [Accédé Août 12, 2010].

Vanhala, T. & Surakka, V., 2007a. Facial Activation Control Effect (FACE). Dans *Affective Computing and Intelligent Interaction*. p. 278-289. Available at:
http://dx.doi.org/10.1007/978-3-540-74889-2_25 [Accédé Janvier 4, 2010].

Vanhala, T. & Surakka, V., 2007. Recognizing the effects of voluntary facial activations using heart rate patterns. Dans *Proceedings of the 11th WSEAS International Conference on*

Bibliographie

Computers. Agios Nikolaos, Crete Island, Greece: World Scientific and Engineering Academy and Society (WSEAS), p. 630-634. Available at: http://portal.acm.org/citation.cfm?id=1353956.1354067 [Accédé Janvier 4, 2010].

Vehkaoja, A. & Lekkala, J., 2004. Wearable wireless biopotential measurement device. Dans *Engineering in Medicine and Biology Society, 2004. IEMBS '04. 26th Annual International Conference of the IEEE*. Engineering in Medicine and Biology Society, 2004. IEMBS '04. 26th Annual International Conference of the IEEE. p. 2177-2179.

Vlassis, N., 2007. *A Concise Introduction to Multiagent Systems and Distributed Artificial Intelligence. Synthesis Lectures on Artificial Intelligence and Machine Learning* Y. R. Ronald J. Brachman & O. S. U. Tom Dietterich, éd., Morgan & Claypool Publishers.

Ward, R.D. & Marsden, P.H., 2003. Physiological responses to different WEB page designs. *International Journal of Human-Computer Studies*, 59(1-2), 199-212.

Weyhrauch, P.W., 1997. *Guiding interactive drama*. Carnegie Mellon University.

Wiederhold, B. et al., 2002. The treatment of fear of flying: a controlled study of imaginal and virtual reality graded exposure therapy. *Information Technology in Biomedicine, IEEE Transactions on*, 6(3), 218-223.

Wiederhold, B.K. & Bullinger, A., 2005. Virtual Reality Exposure for Phobias, Panic Disorder, and Posttraumatic Stress Disorder: A Brief Sampling of the Literature. Dans HCI International. Las Vegas, Nevada.

Wiederhold, B.K. & Wiederhold, M.D., 2003. Three-year follow-up for virtual reality exposure for fear of flying. *Cyberpsychology & Behavior: The Impact of the Internet, Multimedia and Virtual Reality on Behavior and Society*, 6(4), 441-445.

Wilhelm, F.H., Pfaltz, M.C. & Grossman, P., 2006. Continuous electronic data capture of physiology, behavior and experience in real life: towards ecological momentary assessment of emotion. *Interact. Comput.*, 18(2), 171-186.

Witmer, B. & Singer, M., 1998. Measuring presence in virtual environments: A presence questionnaire. *Presence: Teleoperators and Virtual Environments*, 7(3), 225-240.

Wolpe, J., 1992. *The Practice of Behavior Therapy* 4 éd., Allyn & Bacon.

Yao, S. et al., 1998. The French Version of the Social Interaction Self-Statement Test (sisst): A Validation and Sensitivity Study in Social Phobics. *Behavioural and Cognitive Psychotherapy*, 26(03), 247-259.

Yao, S. et al., 1999. L'anxiété sociale chez les phobiques sociaux : validation de l'échelle d'anxiété sociale de Liebowitz. *Encéphale*, 25, 429-435.

Zeng, Z. et al., 2004. Bimodal HCI-related affect recognition. Dans *Proceedings of the 6th international conference on Multimodal interfaces*. State College, PA, USA: ACM, p. 137-143. Available at: http://portal.acm.org/citation.cfm?id=1027958 [Accédé Janvier 4, 2010].

Bibliographie

Zimmermann, P. et al., 2003. Affective Computing - A Rationale for Measuring Mood with Mouse and Keyboard. *International Journal of Occupational Safety and Ergonomics (JOSE)*.

Zimmons, S., 2004. *Anxiety and image characteristics in virtual environments. The Virtual-Pit experiment*. Ph. D. Dissertation. Preliminary results. Chapel Hill, University of North Carolina.

Oui, je veux morebooks!

I want morebooks!

Buy your books fast and straightforward online - at one of the world's fastest growing online book stores! Environmentally sound due to Print-on-Demand technologies.

Buy your books online at
www.get-morebooks.com

Achetez vos livres en ligne, vite et bien, sur l'une des librairies en ligne les plus performantes au monde!
En protégeant nos ressources et notre environnement grâce à l'impression à la demande.

La librairie en ligne pour acheter plus vite
www.morebooks.fr

OmniScriptum Marketing DEU GmbH
Heinrich-Böcking-Str. 6-8
D - 66121 Saarbrücken

Telefax: +49 681 93 81 567-9

info@omniscriptum.de
www.omniscriptum.com

Printed by Books on Demand GmbH, Norderstedt / Germany